Dr. Birgit Altenkirch/Annette Harb

Easy English lessons

Special Days

Unterrichtsentwürfe und Materialien für die Klassen 5–10

Persen Verlag GmbH

Gedruckt auf umweltbewusst gefertigtem, chlorfrei gebleichtem
und alterungsbeständigem Papier

1. Auflage 2010

Nach den seit 2006 amtlich gültigen Regelungen der deutschen Rechtschreibung

Illustrationen: Mele Brink
Satz: Satzpunkt Ursula Ewert GmbH, Bayreuth

ISBN 978-3-8344-**3195**-0

www.persen.de

Anlage und Umgang mit dem Themenheft „Special Days“ 5

Übersicht über die CD 6

1 Halloween 7
1.1 Einführung 7
1.2 Games, songs, poems 7
1.3 Unterrichtseinheit für die Klassenstufen 5/6 8
1.3.1 Dark – a poem 8
1.4 Unterrichtseinheit für die Klassenstufen 7/8 9
1.4.1 Halloween food: A pumpkin soup 9
1.5 Unterrichtseinheit für die Klassenstufen 9/10 10
1.5.1 A film for Halloween 10

2 Thanksgiving 11
2.1 Einführung 11
2.2 Games, songs, poems 11
2.3 Unterrichtseinheit für die Klassenstufen 5/6 12
2.3.1 Thanksgiving Dinner 12
2.4 Unterrichtseinheit für die Klassenstufen 7/8 13
2.4.1 First Thanksgiving 13
2.5 Unterrichtseinheiten für die Klassenstufen 9/10 14
2.5.1 Travelling on Thanksgiving 14
2.5.2 Macy’s Thanksgiving Day Parade 15

3 Christmas and New Year 17
3.1 Einführung 17
3.2 Games, songs, poems 18
3.3 Unterrichtseinheit für die Klassenstufen 5/6 19
3.3.1 Christmas decoration 19
3.4 Unterrichtseinheiten für die Klassenstufen 7/8 19
3.4.1 Christmas around the world 19
3.4.2 Wishes for the New Year 20
3.5 Unterrichtseinheit für die Klassenstufen 9/10 21
3.5.1 A New Year’s Party 21

4 Easter 23
4.1 Einführung 23
4.2 Games, songs, poems 23
4.3 Unterrichtseinheit für die Klassenstufen 5/6 23
4.3.1 Symbols 23
4. 4 Unterrichtseinheit für die Klassenstufen 7/8 24
4.4.1 Making hot cross buns 24

4.5 Unterrichtseinheit für die Klassenstufen 9/10 26
4.5.1 Crazy symbols – Let's call it Hip Hop Bunny 26

5 Birthday 28

5.1 Einführung 28

5.2 Games, songs, poems 28

5.3 Unterrichtseinheiten für die Klassenstufen 5/6 29
5.3.1 „Now I am a teen". 29
5.3.2 Selfmade birthday presents 30

5.4 Unterrichtseinheit für die Klassenstufen 7/8 31
5.4.1 A birthday story 31

5.5 Unterrichtseinheit für die Klassenstufen 9/10 32
5.5.1 The birthday of my best friend 32

6 Kopiervorlagen 33

Anlage und Umgang mit dem Themenheft „Special Days“

Die ausgewählten inhaltlichen Schwerpunkte des Themenheftes „Special Days“ sind jeweils für die Jahrgangsstufen 5/6, 7/8 und 9/10 der Förderschule aufbereitet worden.
Der Band „Special Days“ besitzt einen sehr engen Bezug zum Heft „Food and Drinks“ (dieser Reihe), da zu fast allen Festen und Feiern auch spezielle Mahlzeiten, Gerichte und Getränke gehören.

Für die verbundenen Jahrgangsstufen werden Unterrichtsvarianten vorgestellt. Die Autorinnen lösen sich dabei bewusst von der Unterrichtsstunde bzw. Unterrichtseinheit. Vielmehr werden Vermittlungsvariationen vorgestellt, die der Lehrer dann gezielt und individuell, in Abhängigkeit jeweils spezifischer Bedingungen, aufbereiten kann. Das betrifft zeitliche und räumliche Strukturen, vor allem aber die ganz konkrete Schülerschaft und das allgemeine schulische Bedingungsgefüge.

Die Beispiele orientieren sich an dem zunehmend in vielen Förderschulen favorisierten Vorgehen, in Unterrichtsblöcken zu unterrichten und sich immer mehr vom klassischen 45-Minuten-Rhythmus zu trennen. Sie sind deshalb sowohl individuell erweiterbar als auch zu kürzen.

Die Anlage der Unterrichtsvorschläge

Die Unterrichtsvorschläge verstehen sich als Empfehlungen, die den unterrichtenden Kollegen Anregungen, Tipps und Hinweise geben wollen.
Gleichzeitig setzen sie sich unbedingt das Ziel, dem einzelnen Lehrer genügend Freiraum zu lassen – für seine eigene Unterrichtsgestaltung und Verlaufsplanung, zur Berücksichtigung der Individualität der konkreten Schülergruppe und der jeweils vorhandenen sächlichen Voraussetzungen „vor Ort“. Gerade Letzteres scheint uns nicht unerheblich zu sein, weil wohl fast jede Schule in der Bundesrepublik Deutschland auch mit ihren materiellen und finanziellen Ressourcen sparsam und effektiv umgehen muss.

Die Unterrichtsempfehlungen folgen diesem Raster:

(1) Titel
(2) Zielformulierung:
    Grobziel
    Wortschatz
    Patterns
    Sonderpädagogischer Kommentar (ggf. Bedeutung für die Erlangung bzw. Festigung der Kulturkompetenz)
(3) Material
(4) Unterrichtsverlauf
(5) Vorschläge zur weiterführenden und verknüpfenden Bearbeitung des Themas

Die Unterrichtsvorschläge folgen einer klaren didaktischen Phasenhaftigkeit und erfüllen somit den Anspruch nach einem strukturierten Unterricht für Schüler mit Lernbeeinträchtigungen.

Zu jedem Unterrichtsentwurf sind die wesentlichsten Materialien, die für eine Realisierung im Unterricht benötigt werden, in einer Liste zusammengestellt worden. Dabei wurde darauf geachtet, dass diese Materialien leicht beschaffbar (weil oft ohnehin an der Schule vorhanden), kostengünstig und effizient, aber auch überraschend und ungewöhnlich im Kontext Englischunterricht sind.

Übersicht über die CD

Track	Titel	Material	Dauer
Audiodateien:			
1	Poem: Dark	CD 1	0:41
2	Role play: First Thanksgiving	CD 2	4:30
3a/b	Dialogue: At the ticket office 1 + 2	CD 3	1:17/1:00
4	Riddle: Who or what am I?	CD 4	0:34
5	Poem: Hot cross buns	CD 5	0:21
6	Song: Hot cross buns	CD 6	0:24
7	Story: A birthday story	CD 7	1:49
Text-/Bilddateien:			
	Tafelbilder: Dark	CD 8	
	Lösung: Crossword (M 4.5)	CD 9	
	Unterrichtseinheit: 4.5.2 Our crazy Easter story	CD 10	
	Memorykarten (blanko)	CD 11	
	Easy English Lessons – Food and Drinks, M 4.8–4.11	CD 12	

1 Halloween

1.1 Einführung

HALLOWEEN wird in der Nacht vom 31. Oktober auf den 01. November begangen. Sein Ursprung liegt in dem keltischen Fest *Samhain*, mit dem der Wechsel von der warmen in die kalte Jahreszeit zelebriert wurde. Heidnische Druiden gedachten ihrer Toten und ehrten mit Opfern vor allem den Todesfürsten Samhain. Man zündete große Feuer an, um Hexen und Dämonen zu vertreiben. Außerdem glaubte man, dass sich in dieser Nacht die Toten unter die Lebenden mischten. Um von diesen nicht erkannt und mit Flüchen belegt zu werden, verkleideten sich die Menschen mit Furcht erregenden Masken und Gewändern.

Im Verlauf der Christianisierung wurden viele heidnische Bräuche, so auch Halloween, übernommen und integriert. Der Name HALLOWEEN entstand aus dem Begriff *„All Hallows' Evening"*, den die protestantische Kirche im 16. Jahrhundert einführte.

Mit irischen Auswanderern gelangte das Fest nach Amerika, wo es bis heute im weltweit größten Umfang begangen wird. Seit den 1970er Jahren wird HALLOWEEN auch mehr und mehr in unseren Breiten begangen.

Kinder ziehen als Teufel, Skelette, Gespenster oder Hexen verkleidet von Haus zu Haus und fordern mit dem Spruch *„trick or treat"* Süßigkeiten ein. Halloween-Partys sind ebenfalls sehr beliebt.

Traditionelles Symbol ist der Kürbis (Jack O'Lantern), der ausgehöhlt und mit mehr oder weniger gruseligen Gesichtern und einer Kerze versehen aufgestellt wird.

1.2 Games, songs, poems

Die folgenden Beispiele erheben keinerlei Anspruch auf Vollständigkeit. Sie sind lediglich ein kleiner Pool für Kollegen in Zeitnot. Aus urheberrechtlichen Gründen sind zum größten Teil lediglich Internetadressen angegeben. Diese sind auch eine gute Quelle, um insbesondere Songs mit den Schülern gemeinsam zu lernen.

Nursery rhymes

Jack O'Lantern

Jack O'Lantern, Jack O'Lantern,
You are such a funny sight.
As you sit there by the window,
Looking out into the night.
You were once a sturdy pumpkin,
Growing on a curly vine.
Now you are a Jack O'Lantern,
See your night lights shine.

Pumpkin Time

Pumpkin time is here again,
Time to play trick or treat.
Pumpkin time is here again,
Our spooky friends we'll meet.

See the costumes we have on,
Monsters, ghosts, goblins too.
See the costumes we have on,
Hear us all shout "BOO!"

Games

Candy Jar Guess: Legen Sie Süßigkeiten in ein Glas und lassen Sie die Schüler raten, wie viele es sind. Nehmen Sie die Süßigkeiten danach heraus und lassen Sie sie zählen. Besonders geeignet sind z. B. eye balls. (Übung numbers)

Guess the Pumpkin Weight: Nach dem Aushöhlen von Kürbissen schätzen die Schüler deren Gewicht und überprüfen ihre Schätzungen mit einer Waage. (Übung numbers, weight)

Halloween Walk: Auf einem vorgegebenen Weg durch die Klasse bewegen sich die Schüler auf verschiedene Art und Weise: *fly like a bat, roll like a pumpkin, walk like a skeleton, float like a ghost, stomp like a monster, etc.* (Übung Verben mit Halloween characters)

Haunted House Classroom: Verwandeln Sie den Klassenraum in ein Spukhaus mit gruseliger Musik, verstellten Möbeln, „Geisterhelfern", kleinen, glimmenden Lichtquellen etc. und lassen Sie die

Schüler einzeln den Raum durchqueren. Nehmen Sie die Reaktionen auf und spielen Sie sie später vor.

Making Masks: Basteln Sie Halloween-Masken. (Übung colours, Halloween characters)

Mummy Dress up: Die Schüler wickeln sich gegenseitig in Toilettenpapier und spielen Mumie. (Übung mummy, wrap up)

What's in the Box?: Füllen Sie eine schwarze Fühlbox mit zu Halloween passenden Dingen (Gummispinne, eye balls ...). Lassen Sie die Schüler hineingreifen und raten. (Übung Wortschatz Halloween)

Who am I Ghost?: Ein Schüler mit verbundenen Augen steht in der Mitte, während die anderen einen Kreis um ihn bilden. Ein anderer Schüler ahmt Geistergeräusche nach. Der Schüler in der Mitte muss erraten, wer die Geräusche macht. (Übung Fragen)

Songs

www.songsforteaching.com/halloweensongs
www.englishbox.de/allsongs.html
www.dltk-holidays.com/halloween/index.html

1.3 Unterrichtseinheit für die Klassenstufen 5/6

1.3.1 Dark – a poem

Grobziel

Mittelpunkt der Lektion ist das Gedicht *Dark*, welches die Schüler lernen sollen. Auf dem Weg dahin beschäftigen sie sich mit einer Bildgeschichte und wenden *patterns* aus dem Gedicht an. Am Ende steht die ausdrucksvolle Präsentation – bestenfalls vor jüngeren Kindern, um den Schülern den Effekt des Erschreckens zu ermöglichen.

Wortschatz

wood, house, room, shelf, box, ghost
dark
in, on

Patterns

There is ... (auch vertiefend)

Sonderpädagogischer Kommentar

Die starke visuelle Untermalung in diesem Entwurf ist geeignet, auch Schülern mit einem geringen Leistungsniveau das Erfolgserlebnis des schnellen Verstehens der englischen Sprache zu verschaffen. Dies wirkt sich positiv auf Phasen des Englischunterrichts aus, die höhere kognitive Leistungen erfordern.

Material:
- CD 1 Poem: Dark (Track 1)
- CD 8 Tafelbilder: Dark, Vorbereitung: Bilder dem Gedicht entsprechend mit düsteren Farben gestalten
- M 1.1 Dark
- M 1.2 Mirror words
- 1 Spiegel pro Schüler

Unterrichtsverlauf

Motivation

L. trägt Gedicht sehr ausdrucksvoll vor oder spielt es von der beiliegenden CD (Track 1).
Auf den Effekt des letzten Wortes kommt es an! Beispiel: Gedicht im abgedunkelten Raum vortragen, bei dem Wort *ghost* unter das Gesicht gehaltene Taschenlampe einschalten.

Phase der Hinführung

S. äußern Gefühle, die sie beim Vortrag verspürt haben.
Wünschenswertes Ergebnis: S. wollen bei anderen einen ähnlichen Effekt erzielen.

Phase der Einführung

L. trägt Gedicht erneut vor, visuell unterstützt mit Tafelbildern: Dark (CD 8).
Gemeinsam mit S. wird der Hauptinhalt geklärt (von Bild zu Bild). Dabei jeweils die Wörter *wood – house – room – shelf – box – ghost* unter das entsprechende Bild schreiben.

Phase der Erarbeitung

Gedicht wird anhand der Tafelgeschichte gemeinsam im Chor geübt. L. fügt weitere, von den S. identifizierte Wörter (z. B. *dark*) zum Tafelbild hinzu.
S., die sich freiwillig melden, wagen einen ersten Versuch, das Gedicht aufzusagen.

Phase der Festigung

S. bearbeiten AB M 1.1, Aufgabe 1 und 2.

Aufgabe 3 wird gemeinsam im Plenum bearbeitet – L. erklärt Bedeutung des *pattern ‚There is …‘*
L. und S. sprechen gemeinsam das Gedicht (anfängliches Chorsprechen ist sehr geeignet, um ängstlicheren Schülern Hemmungen zu nehmen). Anschließend versucht jeder S., das Gedicht zu sprechen. Es ist auch möglich, das Gedicht auf mehrere S. aufzuteilen, z. B. jeder S. spricht eine Zeile.

Phase der Anwendung

Die S. bearbeiten AB M 1.2.

Abschlussphase

Nach entsprechender Übung präsentieren die S. einen ausdrucksvollen Gedichtvortrag vor Publikum, möglichst vor jüngeren Schülern.
Varianten: allein, 2-3 Schüler im Chor, abwechselnd Verse vortragen

Verknüpfungen

- my room at home
- furniture
- Vertiefung, Verallgemeinerung von *‚There is …‘* mit entsprechender Frage *‚Is there …?‘*
- prepositions
- adjectives and their opposites (*dark – bright*)
- more Halloween poems
- fächerübergreifend: deutsche Elfchen oder Haikus zum Thema im Deutschunterricht

1.4 Unterrichtseinheit für die Klassenstufen 7/8

1.4.1 Halloween food: A pumpkin soup

Grobziel

Die Schüler gewinnen Sicherheit in der Erfassung der Kernaussagen eines englischsprachigen Sachtextes.
Sie können mithilfe des gefestigten Grundwortschatzes und mit nur geringer Zusatzunterstützung daraus entsprechende Vorgehensweisen ableiten.

Wortschatz

pumpkin, potato, sausages, cream, salt, pepper, spices
knife, spoon, soup bowl, pot
cut, take (out), mash, add, wash, peel

Patterns

Siehe Arbeitsanweisungen auf den Arbeitsblättern
Enjoy your meal/soup …

Sonderpädagogischer Kommentar

Das Erlernen bzw. Festigen englischer *words & phrases* wird durch das sinnliche Erleben gestützt.
Wahrnehmung und planerisches Denken/Vorgehen werden gefördert.
Das Verständnis für Ursache – Wirkung – Zusammenhänge wird vertieft.

Material:
- M 1.3 A pumpkin soup
  (Zutaten für 6–8 Personen):
- 1 mittlerer Hokkaido-Kürbis
- 2–4 Kartoffeln
- Salz und Pfeffer
- Gewürze (Paprika- und Currypulver)
- Würstchen (die nach Belieben vor dem Hinzufügen zur Suppe auch angebraten werden können) ACHTUNG: Sind Vegetarier oder Moslems in der Klasse?
- Creme fraîche oder Sahne
- Küchengerätschaften, vor allem ein Pürierstab (!)

Unterrichtsverlauf

Phase der Einführung

Einstiegsgespräch zum Thema Halloween und damit verbundenen Traditionen. Der L. lenkt das Gespräch an gegebener Stelle auf das Thema Verarbeitungsbeispiele für Kürbis. Die S. berichten aus ihrem eigenen Erfahrungsschatz.
L. kündigt an, dass sie zusammen eine *pumpkin soup* kochen wollen.

Phase der Erarbeitung

Die Frage *„What do you need for making a pumpkin soup?"* leitet die Phase der Erarbeitung ein. S. sammeln entsprechende Zutaten und Küchengeräte auf Deutsch und Englisch. Der L. hält sie an der Tafel fest. Gemeinsam werden die deutschen Begriffe ins Englische übersetzt.
Die S. erschließen mithilfe des AB 1.3 ein einfaches Rezept für die Zubereitung einer Kürbissuppe.

Phase der Anwendung

Die Zutaten für die Kürbissuppe werden eingekauft bzw. vom L. bereitgestellt.
Die S. kochen gemeinsam nach Rezept – *A pumpkin soup*.
(ACHTUNG: Bei der Zubereitung sind das Vorwissen und die Erfahrungen der Schüler einzubeziehen – vor allem kreative Ergänzungs- bzw. Veränderungsvorschläge für das Rezept sollten unbedingt aufgegriffen werden!)
Die fertige Suppe wird gemeinsam gegessen (Esskultur und Tischsitten!).

Weiterführung

Andere Kürbisrezepte suchen und probieren – mit dem dann jeweils angepassten englischen Sprachmaterial

1.5 Unterrichtseinheit für die Klassenstufen 9/10

1.5.1 A film for Halloween

Grobziel

Die Schüler verstehen den Film als fantastische Reise in eine alte Tradition, erfassen seinen Inhalt und den Bezug zum Englischunterricht. Die Arbeit mit dem Wörterbuch wird – aus lebenspraktischer Notwendigkeit heraus – intensiv geübt.

Wortschatz

Der Wortschatz ist abhängig vom gewählten Film, siehe AB M 1.4.

Patterns

Siehe AB M 1.5

Sonderpädagogischer Kommentar

Im Mittelpunkt der sonderpädagogischen Durchdringung der Stunde steht die Schulung von kognitiver und sinnlicher Ausdauer und Aufmerksamkeit, von Konzentration und Wahrnehmung.

Material:
- M 1.4 Watching a film for Halloween
- M 1.5 Report about the film

Vorschläge für Filme

Die Simpsons – Treehouse of Horror
Die Geistervilla
Der kleine Horrorladen
Ghostbusters
Lottergeist Beetlejuice
Die Addams Family in verrückter Tradition
Tanz der Vampire
Corpse Bride
Die „Biss–Reihe"

Hinweis: Alle Filme sind ab 12 Jahren freigegeben (FSK 12), Corpse Bride sogar ab 6 Jahren (FSK 6).

Wichtige Tipps:

- Schauen Sie sich den Film in jedem Fall vorher allein an!
- Die Mehrzahl ist auf DVD oder CD auszuleihen.
- Die Filme sind mehrheitlich in der deutschen und in der englischen Fassung erhältlich. Entscheiden Sie entsprechend Ihrer konkreten Klasse, welches (Fremdsprachen-)Niveau die Schüler bewältigen können – ohne, dass die Freude am Film vergeht!

Empfohlene Internetseite: http://www.lovefilm.de/info/editorial.html?editorial_id=8133

Unterrichtsverlauf

Phase der Hinführung

L. fragt S. nach ihnen bekannten Filmen zum Thema Halloween. S. berichten aus ihrem Vorwissen. L. kündigt an, dass sie gemeinsam einen Halloweenfilm sehen wollen; es folgt die gemeinsame Wahl des Films.

Phase der Erarbeitung

L. bespricht mit den S. die Beobachtungsaufträge auf dem AB (M 1.4).
Die Klasse schaut sich den Film an. Die S. bearbeiten ihr AB.
Im Unterrichtsgespräch wird der Film ausgewertet. Die S. ergänzen mögliche Lücken auf ihrem AB.

Phase der Anwendung

Die S. bereiten mithilfe von AB M 1.5 einen kurzen Schülervortrag zum Film vor und präsentieren diesen vor der Klasse.

2 Thanksgiving

2.1 Einführung

THANKSGIVING ist das wichtigste Familienfest in den USA, über dessen Ursprung es verschiedene Auffassungen gibt. Am weitesten verbreitet ist die Ansicht, dass diese Tradition auf die Geschichte religiös und politisch verfolgter Pilger aus England zurückgeht. Sie verließen im Jahr 1620 auf der *Mayflower* ihre Heimat, um in Amerika ein neues Leben zu beginnen. Auf der Überfahrt verbrauchten die Auswanderer den größten Teil ihrer Lebensmittel, sodass sie den folgenden Winter ohne die Hilfe der Ureinwohner des Stammes der Wampanoag wohl kaum überlebt hätten. Diese machten sie mit der heimischen Flora und Fauna vertraut und halfen ihnen, das Land zu bebauen. Laut der Überlieferung feierten die Pilger zum Dank im Jahr 1621 ein dreitägiges Fest.
Heute begehen die Menschen an jedem vierten Donnerstag im November in Erinnerung daran THANKSGIVING. Familien treffen sich traditionell bei einem älteren Familienmitglied und nehmen dafür lange Wege auf sich. THANKSGIVING gilt als die Zeit des Jahres, in der es das höchste Reise- und Verkehrsaufkommen gibt.
Höhepunkt ist das gemeinsame Dinner, zu dem Nahrungsmittel und Gerichte gereicht werden, die der Überlieferung nach auch 1621 verzehrt wurden. Beim Essen spricht man, oft der Reihe nach, Gebete, in denen jeder ausdrückt, wofür er dankbar ist. THANKSGIVING hat in den USA in vielen Familien eine größere Bedeutung als Christmas.

2.2 Games, songs, poems

Die folgenden Beispiele erheben keinerlei Anspruch auf Vollständigkeit. Sie sind lediglich ein kleiner Pool für Kollegen in Zeitnot. Aus urheberrechtlichen Gründen sind zum größten Teil lediglich Internetadressen angegeben. Diese sind auch eine gute Quelle, um insbesondere Songs mit den Schülern gemeinsam zu lernen.

Poems

Funny Bird

The turkey is a funny bird,
his head goes wobble, wobble.
And all he says is just one word,
„Gobble, gobble, gobble.“

(Autor unbekannt)

At Grandma's House

I like the taste of turkey
any time throughout the year
But it never
seems to taste as good
as when Thanksgiving's here.

Could be it's all the trimmings
that are cooked with it to eat –
But I think it's
eating at Grandma's house
that makes it such a treat!

(Autor unbekannt)

A Turkey Speaks

I have never understood
why anyone would
roast the turkey
and shuck the clams
and crisp the croutons
and shell the peas
and candy the sweets
and compote the cranberries
and bake the pies
and clear the table
and wash the dishes
and fall into bed
when they could sit back
and enjoy a hamburger.

(Autor unbekannt)

Games

Apple bobbing: Schüler versuchen, Äpfel aus einer mit Wasser gefüllten Schüssel mit dem Mund zu schnappen.

Pin the face on the pumpkin: Ein Schüler mit verbundenen Augen wird einige Male im Kreis gedreht. Dann muss er ausgeschnittene Gesichtsteile an einem Kürbiskopf (wahlweise an der Tafel) befestigen. Wer kreiert das tollste Gesicht?

Wishbone: Jeweils zwei Personen nehmen das Gabelbein eines Truthahns in die Hand und ziehen gleichzeitig daran. Wer nach dem Zerbrechen das größere Stück in der Hand hält, darf sich etwas wünschen (Nicht laut sagen!).

Songs

www.dltk-holidays.com/thanksgiving/songs.html
www.songsforteaching.com/thanksgivingsongs
www.littlegiraffes.com/thanksgiving.html

2.3 Unterrichtseinheit für die Klassenstufen 5/6

2.3.1 Thanksgiving Dinner

Das Thema *Thanksgiving Dinner* soll die Schüler mit Gerichten und Gewohnheiten eines heute in den USA üblichen Festmahls an diesem Feiertag vertraut machen. Die Schüler lernen traditionelle Zutaten für das Dinner kennen und lernen beziehungsweise festigen die Lexik zu den Wortfeldern *food, dishes, family* und *furniture.*
Voraussetzung ist, dass die Schüler die heutige Bedeutung und den Ursprung von Thanksgiving kennen.

Grobziel

Die Schüler lernen die traditionellen Zutaten für ein *Thanksgiving Dinner* kennen. Ziel ist es, das Bild eines Dinners entstehen zu lassen. Abhängig vom Vorwissen wird dabei Lexik zu den Wortfeldern *food, dishes, family* und *furniture* vermittelt bzw. wiederholt und gefestigt.

Wortschatz

food: turkey, corn, green beans, pumpkin, (sweet) potatoes
dishes: knife, fork, spoon, plate, bowl, glass
furniture: table, chair
family members: father, mother, son, daughter, brother, sister, grandma, grandpa

Der Wortschatz ist jeweils bei Bedarf auszuweiten bzw. einzuschränken.

Patterns

Satzbildung im present simple
Beispiele:
- The pumpkin is orange.
- The grandfather is old.
- I/He/She lay(s) the table.
- I/He/She put(s) the plates on the table.
- This is a turkey.

Bitten und Danken
- Can you give me the potatoes, please?
- Thank you.

Sonderpädagogischer Kommentar

Die Verknüpfung von Sprache und Handlung fördert Aufnahme und Verankerung neuer Lexik. Die soziale Kompetenz der Schüler wird geschult, wenn sie wie hier gemeinsam eine Situation beim Dinner darstellen. Nicht zuletzt erhöht der Vergleich eigener wichtiger Familienereignisse mit denen eines anderen Landes die kulturelle Kompetenz.

Material:
- Bilder und/oder reale Gegenstände zur aufgeführten Lexik in mehrfacher Ausfertigung (siehe Anwendungsphase; kann Hausaufgabe für die Schüler sein)
- Dinnertafel
- M 2.1 Wortkarten (freie Felder für zusätzliche Lexik)
- M 2.2 A Thanksgiving Dinner

Unterrichtsverlauf

Phase des Einstiegs

L. führt mit den S. ein Gespräch über wichtigste Feierlichkeiten in deren Familien.
Bereits bekannte Feiertage werden von den S. auf Englisch benannt.
L. stellt Thanksgiving als wichtigen Feiertag in den USA vor, an dem Familien traditionell ein großes *Thanksgiving Dinner* veranstalten.

Phase der Erarbeitung

L. präsentiert zu Wortkarten (M 2.1) passende Bilder und reale Gegenstände. S. ordnen Wortkarten den Gegenständen und Bildern zu.
Die Wörter werden gemeinsam gelesen.
Die S. beschreiben die abgebildeten Lebensmittel, Personen und Gegenstände mit einfachen Sätzen

(vgl. *patterns*). In leistungsschwachen Lerngruppen können auch lediglich beschreibende Adjektive gesammelt werden.

Phase der Festigung

Der L. bespricht mit den S. die Aufgabenstellung zum AB M 1.2. Die S. bearbeiten das AB mithilfe der Bilder und Gegenstände sowie zugeordneten Wortkarten aus der Einstiegsphase.

Phase der Anwendung

S. decken in kleineren Gruppen eigene Dinnertafel und platzieren Familienmitglieder. Dabei nutzen und üben sie die neue Lexik in Verbindung mit *patterns* (Hilfe: *patterns* als Wortkarten zur Verfügung stellen).

Abschluss

Präsentation der eigenen Dinnertafeln mithilfe der neuen Lexik und einfacher Satzstrukturen (vgl. *patterns*).

2.4 Unterrichtseinheit für die Klassenstufen 7/8

2.4.1 First Thanksgiving

Grobziel

In der 7. oder 8. Klasse sind die Schüler zum größten Teil bereits über den Ursprung des Festes Thanksgiving informiert. Daran anknüpfend ist es Ziel dieses Unterrichtsentwurfs, das *First Thanksgiving* anhand eines Rollenspiels oder kleinen Theaterstücks zu erleben und dabei den mündlichen Gebrauch der englischen Sprache zu üben, Satzmuster zu verinnerlichen und kleine Gespräche zu führen.
Das Rollenspiel kann dazu beliebig erweitert werden, um möglichst viele Schüler einzubeziehen.
Ein weiteres Ziel könnte die Vorführung vor jüngeren Schülern sein. Diese werden so spielerisch bei ihrem Wissenserwerb unterstützt. Ältere, nicht sehr sprachgewandte oder gehemmte Schüler werden auf diese Weise in die Arbeit an der übergeordneten Zielsetzung einbezogen, indem sie Kostüme und Kulissen herstellen oder andere unterstützende Aufgaben erhalten. Es bieten sich ebenfalls z. B. Souffleurrollen oder Doppelbesetzungen an, um möglichst viele Schüler an den sprachlichen Zielen arbeiten zu lassen.
Sehr große Klassen lassen sich in zwei Gruppen teilen, die das Gleiche erarbeiten und danach von einer Jury beurteilt werden, die einen Sieger küren kann (aber nicht muss).

Wortschatz/Patterns

Wortschatz und *patterns* sind aufgrund des Rollenspiels sehr umfangreich. Der Lehrer entscheidet situativ, welche Anteile er separieren und näher behandeln möchte.

Sonderpädagogischer Kommentar

Das Hineinversetzen in historische Rollen wird es den Schülern erleichtern, Geschehenes nachzuvollziehen und zu verinnerlichen, da abstrakte Berichte und Erzählungen ihnen den Zugang zu Inhalten oft erschweren. Dies ist insbesondere dann der Fall, wenn es sich dabei nicht um ihr direktes Umfeld handelt.

Material:
- M 2.3 First Thanksgiving – A role play
- CD 2 Role play: First Thanksgiving (Track 2)
- bei Bedarf Kostüme und Kulissen
- Rollenkarten (werden von Schüler selbst im Laufe des Unterrichts hergestellt)

Unterrichtsverlauf

Phase des Einstiegs

L. stellt das Vorhaben vor, ein Rollenspiel zum Thema Thanksgiving einzustudieren.
In einem offenen Gespräch über Thanksgiving wird das Vorwissen der S. zum Thema reaktiviert. Wichtig ist, dass dabei auch der Ursprung des Festes zur Sprache kommt und nacherzählt wird.

Phase der Erarbeitung I (Erstlesen/Hören)

L. verteilt AB mit Rollenspiel (M 2.3).
Es bieten sich verschiedene Möglichkeiten des Erstlesens an: CD (Track 2), Lehrervortrag, gleich verschiedene Rollen für S. mit guter Leseleistung, Stillarbeit mit anschließender Besprechung mit dem Partner.
Hinweis: Vorwissen der S., Illustrationen auf dem AB und „Denglisch" des Erzählers dienen erstem Grundverständnis.
Ein weitergehendes Textverständnis kann durch eine anschließende Arbeitsphase mit dem Wörterbuch erreicht werden.

Phase der Erarbeitung II
(Einüben des Rollenspiels)

Durch mehrfaches gemeinsames Lesen im Plenum, in Kleingruppen oder auch in Partnerarbeit üben die S. das sichere Lesen des Rollenspiels.
Erst anschließend werden feste Rollen und Aufgaben verteilt (abhängig von Grobziel → siehe Grobziel)
Die S. schreiben Rollenkarten zur Übung des Textes und Verinnerlichung der Satzstrukturen, diejenigen ohne feste Rolle helfen ihren Mitschülern.
S. wählen einen Namen je nach Rollenverteilung aus.
Der L. steht den S. während der gesamten Arbeit helfend und beratend zur Seite.

Phase der Erarbeitung III

Durch verschiedene Textübungen vertiefen die S. ihre Arbeit am Rollenspiel:

- kürzere oder längere Passagen spielen (S. ohne Rolle können als Übungspartner fungieren)
- Stück durchspielen (Rollenkarten dienen zur Unterstützung)

S. basteln Kulissen und Kostüme.

Phase der Anwendungen

Präsentation des Rollenspiels vor jüngeren Mitschülern und/oder Eltern.
Alternative: Falls keine Aufführung des Rollenspiels geplant ist, können die S. einzelne Szenen in Form einer Bildergeschichte gestalten.

Verknüpfungen

- fächerübergreifend: Herstellung von Bildern, Kulissen, Kostümen im Kunstunterricht
- fächerübergreifend: Die Entdeckung Amerikas durch Kolumbus und deren Folgen für die Ureinwohner im Geschichtsunterricht
- fächerübergreifend: Hilfe anbieten und Hilfe annehmen; Umgang miteinander in Sozialkunde
- fächerübergreifend: Der Weg der Mayflower in Geografie
- fächerübergreifend: Der Weg der Mayflower – Strecken, Geschwindigkeit, Reisedauer berechnen in Mathematik
- fächerübergreifend: Inkas und Azteken in Geschichte

2.5 Unterrichtseinheiten für die Klassenstufen 9/10

2.5.1 Travelling on Thanksgiving

Grobziel

Die Schüler lernen, sich in einem Reisebüro bzw. beim Ticketkauf zu verständigen.
Sie erhalten einen Überblick über die Ausdehnung der USA und damit verbundenen Reisegewohnheiten im Unterschied zu ihrer Heimat.

Wortschatz

travel, train, plane, car
student, mechanic, office
travel agency, clerk, ticket office, station
buy, book, pay, work

Patterns

- I want to travel to …
- How much is it?
- Here you are. – Thank you.
- He wants to buy a ticket.
- Have a nice trip.
- Can you help me, please?

Sonderpädagogischer Kommentar

Dieser Entwurf bietet diverse Möglichkeiten des fächerübergreifenden Unterrichts. So entstandene Vernetzungen erhöhen die Chancen auf eine dauerhafte Speicherung der Inhalte im Gedächtnis (siehe Verknüpfungen).

Material:

- M 2.4 Where do they travel?
- M 2.5 At the ticket office
- CD 3 Dialogue: At the ticket office (Track 3a/b)
- Karte USA, Weltkarte, Atlanten
- Bilder, ggf. DVD über USA
- Wörterbücher

Unterrichtsverlauf

Phase der Motivation

S. betrachten Bilder (ggf. eine DVD) von den USA. Im Unterrichtsgespräch aktivieren sie zunächst ihr Vorwissen über die USA und tauschen sich anschließend über die Frage aus *„Where would you like to travel in the USA?“*

Phase des Einstiegs

L. leitet zum Thema Thanksgiving über, indem er die S. darüber informiert, dass die Menschen in den USA an diesem Feiertag besonders viel reisen, um Freunde und Familie zu besuchen und dabei zum Teil weite Entfernungen zurücklegen (an dieser Stelle ggf. Vorwissen der S. zu Thanksgiving aktivieren).
Mithilfe einer Karte oder des Atlas ermitteln die S. in Einzel- oder Partnerarbeit die Entfernung zwischen bekannten Städten in den USA.

Phase der Erarbeitung I

S. lernen Linda, John, Paul kennen (M 2.4).
S. bearbeiten das AB; Empfehlung: Partnerarbeit. Die Ergebnisse der S. werden im Plenum verglichen.

Phase der Anwendung

S. erstellen kurze Beschreibung von sich nach dem vorgegebenen Muster auf dem AB und äußern ihren Reisewunsch für die nächsten Ferien, den nächsten Feiertag.

Überleitung

L. erinnert die S. daran, dass man zum Reisen mit öffentlichen Verkehrsmitteln immer ein Ticket benötigt. Die S. tauschen ihre eigenen Erfahrungen beim Ticketkauf aus.

Phase der Erarbeitung II

S. treffen erneut auf Linda und Paul, wie sie ihre jeweiligen Tickets kaufen (M 2.5 sowie Track 3, CD). Die S. hören, lesen und spielen die kurzen Szenen nach (L. gibt ggf. Vokabelhilfen vor oder die S. arbeiten selbstständig mit dem Wörterbuch). Anschließend können die S. je nach Leistungsstand eigene kleine Dialoge schreiben. L. übernimmt während der gesamten Erarbeitungsphase helfende und beratende Rolle.

Abschlussphase

Die S. spielen eigene oder vorgegebene Szenen vor Mitschülern vor.

Verknüpfungen

- That's me.
- means of transport
- jobs
- date
- question words
- comparison of adjectives
- How much is it? – shopping
- fächerübergreifend: Übung von Internetrecherchen (z. B. Fahrkarten, Preise, Verbindungen)
- fächerübergreifend: Messen und Umrechnen (Maßeinheiten der Länge) in Mathematik
- fächerübergreifend: Arbeit mit Karten; USA in Geografie

2.5.2 Macy's Thanksgiving Day Parade

Grobziel

Die Schüler lernen eine neue Seite an Thanksgiving kennen, die als Vorbote für die kommende Weihnachtszeit und den entsprechenden Konsum gilt. Macy's, eines der bekanntesten Kaufhäuser der Welt in New York, veranstaltet seit Jahrzehnten eine riesige Parade zu Werbezwecken. Die Schüler sollen diesen festen Bestandteil von Thanksgiving kennenlernen, den alljährlich Millionen von Menschen live und im Fernsehen verfolgen. Gleichzeitig üben sie, Wege zu beschreiben bzw. Wegbeschreibungen nachzuvollziehen.

Wortschatz

(Auswahl)
Macy's Parade, Broadway, Central Park, Times Square, celebrities, balloons
north, east, south, west
begin, turn
left, right
street, avenue

Patterns

(Auswahl)
- Turn left. / Turn right.
- Go straight on.
- Go along.
- How can I get to …?

Sonderpädagogischer Kommentar

Der Entwurf Macy's Parade erweitert vor allem die Kulturkompetenz der Schüler. Mit dem Begriff Kultur ist dabei die Bedeutung der Parade für die Feierlichkeiten des amerikanischen Thanksgiving gemeint. Die Schüler können Parallelen zu Ereignissen in ihrer eigenen Kultur ziehen.
Nicht außer Acht gelassen werden darf die Förderung des Orientierungssinns.

Material:
- ausreichende Anzahl Internetzugänge
- Internetadressen (Auswahl):
  - www.wikipedia.de (Suchbegriff: Macy's Thanksgiving Day Parade)
  - www.nyctourist.com/macys_menu.htm
  - http://social.macys.com/parade2009/
  - www.earthcam.com/events/thanksgiving/2009/
- Schautafel oder Platz für Wandzeitung
- Überschriften (z. B. in Form von Wolken oder Ballons): *New York, balloons, celebrities, TV, people*
- M 2.6, M 2.7 Macy's Thanksgiving Day Parade I, II
- M 2.8 Bild-Wort-Karten
- Stadtplan des Heimatortes
- Wörterbücher

Unterrichtsverlauf

Phase des Einstiegs

L. kündigt nur *Macy's Thanksgiving Day Parade* an. Die Begriffe *Macy's* und *parade* werden geklärt. Die S. stellen Vermutungen darüber an, was *Macy's Thanksgiving Day Parade* ist.

Phase der Erarbeitung

S. recherchieren im Internet genanntes Thema. L. kann als Hilfestellung einige Adressen vorgeben.
S. tragen erste Rechercheergebnisse zusammen und ordnen sie vorgegebenen Überschriften zu (siehe Material).
In einer zweiten Recherche suchen die S. aufgrund der vorgegebenen Überschriften gezielt nach ergänzenden Informationen und Bildern.
Beispiele:
New York: Manhattan, Broadway, Central Park ...
balloons: big, colourful, countless, Mickey Mouse ...
celebrities: film stars, groups, musicians ...
TV: NBC, televised nationwide, media ...
people: public event, millions watch it on TV ...
S. gestalten mit gesammelten Informationen und ausgedruckten Bildern Schautafel oder Wandzeitung.
Hinweise: PA günstig, Wörterbücher als Hilfestellung bereitstellen, Ergänzungen auf Deutsch möglich

Phase der Festigung

S. sprechen über Parade in der Zielsprache, indem sie zu Überschriften Sätze bilden. Beispiel: *„Many celebrities take part in this parade. / You can see countless balloons."*

Hinweis: Für leistungsschwächere S. oder Lerngruppen Lückensätze vorgeben.

Überleitung

L. macht auf noch fehlende Information aufmerksam: die Route.

Phase des Einstiegs

L. erklärt, dass die Route über 80 Jahre festgelegt war, aber dass es seit 2009 eine neue Route gibt.
L. präsentiert die Route (M2.6 vergrößert).
Gemeinsam wird der Weg der Parade nachvollzogen und dabei bereits entsprechender Wortschatz eingeführt. Hierfür können Bild-Wort-Karten aus M 2.8 verwendet und entsprechend ergänzt werden.

Phase der Erarbeitung

S. erhalten zu einem Puzzle zerschnittene Karte mit der Route (M 2.6) und setzen sie zusammen. Die Ergebnisse werden kontrolliert. Anschließend bringen die S. die Sätze der Wegbeschreibung in die richtige Reihenfolge (M 2.7).

Phase der Anwendung I

Die S. beschreiben die Route der Parade einem Mitschüler und formen dabei die Personalpronomen entsprechend um (M 2.7).

Phase der Anwendungen II

S. beschreiben Wege in ihrem Heimatort und nutzen dabei entsprechende Satzmuster und Vokabular.
Hinweis: An dieser Stelle bietet es sich an, die Frageformel *„How can I get to ...?"* einzuführen und so die Aufgabe im Partnerdialog durchzuführen.
Möglichkeit: Anwendung auf der Straße: S. laufen den Weg zu einem vorgegebenen Ziel ab und machen sich unterwegs Stichpunkte, um den Weg später im Klassenzimmer ihren Mitschülern zu beschreiben.

Verknüpfungen

- fächerübergreifend: Arbeit mit Stadtplänen in Geografie
- my way to school
- ordinal numbers
- favourite stars/celebrities
- Vergleich Macy's Parade und Karneval in Deutschland
- shopping
- Recherchen im Internet

3 Christmas and New Year

3.1 Einführung

CHRISTMAS ist ein christliches Fest. Der religiöse Ursprung und Hintergrund dürfen als bekannt voraus gesetzt werden.
Entsprechend der Verbreitung der Weltreligionen wird CHRISTMAS an vielen Orten der Welt begangen. Trotz dieser großen Verbreitung unterscheidet sich das Fest in seinen Traditionen und Ritualen. Aber auch regionale Bedingungen führen zu sehr unterschiedlichen Begehensweisen dieses Festes.

Allerdings macht die zunehmende Globalisierung auch vor diesem Fest nicht halt. Die Art, wie Menschen unterschiedlicher Herkunft und Kulturkreise, aus verschiedenen sozialen Kontexten und mit differenzierten Glaubenszugehörigkeiten dieses Fest begehen, gleicht sich immer stärker an.
Exemplarisch dafür können stehen ...
... das besondere Weihnachtsessen,
... die Geschenke,
... das Dekorieren bzw. die Verwendung von Weihnachtsschmuck.

Eine gewisse Kommerzialisierung ist dabei nicht zu übersehen. Unsere Position dazu ist, dass sich die Institution Schule einerseits dem nicht vollständig verweigern kann, andererseits sich aber auch nicht kritiklos unterwerfen darf. Sich dieser Entwicklung grundsätzlich zu entziehen, dürfte ohnehin nicht nur außerordentlich schwierig sein, sondern würde auch ein Stück Lebensrealität der Schüler negieren.

So bleibt es in diesem Zusammenhang auch Aufgabe der Schule, Werte zu benennen und zu vermitteln: Toleranz und Akzeptanz, Freundlichkeit und Hilfsbereitschaft, Empathie und Zuwendung. Sie gehören zu CHRISTMAS ebenso wie Geschenke und Essen.

Der Englischunterricht hat die besondere Möglichkeit, CHRISTMAS von einer anderen als der deutschen Seite zu beleuchten, und damit unmittelbar auf die sozialen Kompetenzen der Kinder und Jugendlichen Einfluss zu nehmen.

Sie lernen andere Bräuche und Traditionen kennen, verstehen sie und werden sie sogar übernehmen; die vorab genannten Werte finden eine selbst erlebte und gestaltete Grundlage.
Das Thema CHRISTMAS wird in diesem Kapitel durch das Thema NEW YEAR ergänzt. Beide Feste können als Indikator für den Reife- und Entwicklungsprozess von Kindern und Jugendlichen gelten. Während sich das Weihnachtsfest für Kinder nahezu ausschließlich im familiären Kontext vollzieht, erweitern Jugendliche diesen dann später durch Weihnachtspartys mit Freunden. Die Familie tritt immer mehr in den Hintergrund (bis zur Bildung fester Partnerschaften und der Gründung neuer Familien). Dieser Erkenntnis folgen auch die nachstehenden Unterrichtsvorschläge.

Die Behandlung des Weihnachtsfestes im Englischunterricht sollte auf eine enge Koordination zum Fach Religion nicht verzichten.

Das NEW YEAR wird weltweit von vielen Millionen Menschen begrüßt. Der 1. Januar, 0:00 Uhr, zeigt in Deutschland das neue Jahr an.
Die Zeitzonen der Erde sorgen für einen besonderen Reiz beim Jahreswechsel; so treten nacheinander die verschiedenen Kontinente und Länder in das neue Jahr ein und – dank der Medien – kann man daran teilhaben bzw. davon Kenntnis bekommen. So erreichen uns die unterschiedlichen Neujahrsbräuche schnell und unmittelbar.

Der Beginn eines neuen Jahres wird zumeist sehr fröhlich und ausgelassen gefeiert. Farben und Töne bestimmen das Bild, sodass die damit vermeintlich zu vertreibenden bösen Geister keine Chance haben.
Diese Stimmung kommt der junger Menschen sehr nahe und wird von ihnen gern aufgegriffen. Traditionen und Bräuche zur Begrüßung des neuen Jahres unterscheiden sich weltweit, jedoch nicht die heitere Grundstimmung. Der Jahreswechsel ist die Zeit, in der – mehr als zu anderen Zeiten – Wünsche formuliert und ausgetauscht werden.

3.2 Games, songs, poems

Poems

When Santa Claus Comes

A good time is coming. I wish it were here,
The very best time in the whole of the year;
I'm counting each day on my fingers and thumbs –
the weeks that must pass before Santa Claus comes.

Then when the first snowflakes begin to come down
And the wind whistles sharp and the branches are brown,
I'll not mind the cold, though my fingers it numbs,
For it brings the time nearer when Santa Claus comes.

(Autor: unbekannt; aus: http://xmasfun.com)

Christmas is im Eimer

Sehr bekannt und beliebt ist auch das Gedicht *‚Christmas is im Eimer'*. 2003 wurde dieses Gedicht von Udo Jürgens unter dem Titel *‚Merry Christmas, allerseits'* vertont. Der Gedichttext findet sich unter anderem auf der folgenden Internetseite:
http://www.deingedicht.de/weihnachtsgedichte.htm

Tipps zur Verwendung

- Das Gedicht *‚Christmas is im Eimer'* scheint vor allem für die Klassenstufen 9 und 10 geeignet.
- Es entfaltet seine Wirkung insbesondere durch einen ausdrucksvollen, sprachsicheren Erstvortrag, z. B. durch den Lehrer.
- Es bietet freudvolle Möglichkeiten für die Übung der englischen Aussprache.
- Das „Denglische" ist eine häufig im Alltag anzutreffende Sprachform und löst allerseits immer große Heiterkeit aus.
- Methodische Varianten könnten sein: einzelne Strophen auswendig lernen – szenisches Gestalten des Gedichts / ausgewählter Strophen – pantomimische Darbietung – Cartoons zu einzelnen Handlungsteilen erstellen – Versuch der Schüler, selbst ein „denglisches" Gedicht zu erarbeiten …

Games

Typische, ausschließlich bzw. vorrangig dem Weihnachtsfest zuzuordnende Spiele lassen sich kaum ausmachen.
Vielmehr werden solche Formen wie Puzzle, Quiz, Crosswords mit weihnachtlichen Inhalten ausgestattet.
Darüber hinaus können die verschiedensten weihnachtlichen Bräuche spielerisch in den Unterricht einbezogen werden.

Beispiel
Jeder Schüler bringt ein kleines Weihnachtspäckchen mit in die Schule. Darin befindet sich ein Weihnachtsgeschenk für einen Mitschüler. (Dies kann auch so abgewandelt werden, dass der Lehrer vorab kleine Geschenke vorbereitet – Achtung: Finanzierung!).
Alle Geschenke werden in einen Sack gesteckt. Nach Erfüllung einer englischen Anfangsaufgabe zieht jeder ein Päckchen. Haben alle ein Päckchen, stellt der Lehrer erneut einen englischen Auftrag für einen Schüler. Dieser kann nach erfolgreicher Erfüllung der Aufgabe entscheiden, ob er sein Päckchen behalten oder es tauschen möchte und mit wem. Wurde die Aufgabe nicht erfüllt, **muss** getauscht werden.
Das Spiel ist nach einer vorher festgelegten Zeit beendet.
Englische Aufgaben könnten sein:

- *Name 5 Christmas things.*
- *Sing a Christmas song.*
- *Act like a reindeer.*
- *name 5 presents for a boy/girl/grandpa …*
- *What are the names of the Christmas days?*

… und so weiter. Der Lehrer hat eine Unmenge von Möglichkeiten!

Sehr viele Spielmöglichkeiten sind im Internet zu finden unter http://xmasfun.com! Diese Internetseite wird sehr empfohlen.
Mit anderen Suchbegriffen lassen sich ebenso schnell Formen für die Gestaltung des Themas *New Year* im Englischunterricht finden!

Songs

Die bekanntesten englischen Weihnachtslieder:

Jingle Bells
Rudolf the red-nosed reindeer
Snowfall over the trees
We wish you a merry Christmas

(Texte und Melodien zu finden unter http://www.englisch-hilfe.de)

3.3 Unterrichtseinheit für die Klassenstufen 5/6

3.3.1 Christmas decoration

Grobziel

Die Schüler können Gegenstände aus der Weihnachtsdekoration sicher benennen. Sie entwickeln ihre Fähigkeit zur eigenen Auswahl und Entscheidungsfindung am persönlich relevanten Beispiel.

Wortschatz

tree, candle, mistletoe, colours
Christmas decoration

Patterns

This is my christmas tree.
There is/are ...
I take ...; I like ...; I decorate with ...; I need ...

Sonderpädagogischer Kommentar

Die soziale Kompetenz der Schüler wird verbessert, indem Akzeptanz, Toleranz und Respekt vor den Mitschülern ausdrücklich eingefordert werden.
Die Kooperations- und Kommunikationsfähigkeit wird durch das gemeinschaftliche Schmücken verbessert.

Material:
- Weihnachtsbaum oder -strauß, es geht auch ein Adventskranz (= garland of evergreens with four candles)
- verschiedene weihnachtliche Dekorationen
- Schleifen/Band
- Papier
- Stifte/Malfarbe
- Laminiergerät oder Windowcolour
- Schere/Messer
- Salzteig
- M 3.1 Christmas decoration

Unterrichtsverlauf

Phase des Einstiegs

Die S. wiederholen Sachwissen und Wortschatz zum Thema *Christmas decoration*. Dazu benennen der L. und/oder die S. entsprechende Gegenstände, die auf einem Tisch liegen (ein jeweils gemeinsames Sprechen festigt die richtige Aussprache des Vokabulars). Die S. schließen anschließend die Augen, der L. nimmt einen Gegenstand weg, die S. erraten dann, was fehlt *(‚What is missing?‘).*

Phase der Erarbeitung

Die S. zeichnen einen Weihnachtsbaum nach ihren persönlichen Vorstellungen.
Die Zeichnungen werden vor der Klasse vorgestellt. Dabei wenden die S. den Wortschatz zum Thema *Christmas decoration* in einfachen Satzmustern an *(„This is my Christmas tree. There is/are ...“).* Zusätzlich können typische „Weihnachtsfarben“ benannt werden *(red, green, gold, silver, white ...).*

Phase der Anwendung

Der L. stellt den S. die verschiedenen Bastelmöglichkeiten anhand eines fertigen Beispiels vor. Die Klasse teilt sich in Gruppen auf, jede Gruppe übernimmt die Anfertigung eines Schmuckelements.
L. verteilt M 3.1 und erklärt, wenn nötig, den wichtigsten Wortschatz aus den Arbeitsanweisungen. Alternativ erhält jede Gruppe eine eigene Wortschatzkarte als zusätzliche Verständnishilfe zu den Illustrationen auf den Bastelanleitungen.
Die S. fertigen ihre eigene *Christmas decoration* an. Der L. übernimmt in dieser Phase eine helfende und beratende Rolle.

Schlussphase

Gemeinsam wird ein Baum mit den gebastelten Arbeiten geschmückt. (Im günstigsten Fall steht ein ungeschmückter Weihnachtsbaum zur Verfügung. Dies wird jedoch nur in den seltensten Fällen möglich sein. Ersatz können dann ein Strauß aus Tannenzweigen oder der – in Großbritannien eher unübliche – Adventskranz sein!)
Jeder S. darf vor den Ferien ein Dekorationselement mit nach Hause nehmen.

Weiterführung

Gemeinsam mit den Schülern kann erforscht werden, wie die Adventszeit in Großbritannien oder anderen Ländern begangen wird. Wortmaterial aus diesem Unterrichtsvorschlag kann dafür genutzt werden.

3.4 Unterrichtseinheiten für die Klassenstufen 7/8

3.4.1 Christmas around the world

Grobziel

Die Schüler nutzen das Internet für eine zielgerichtete Recherche. Sie üben dabei das Problemlösen unter Verwendung von Hilfsmitteln.

Sie verstehen zunehmend selbstständig englische Lernaufträge.

Wortschatz

Dieser ergibt sich in Abhängigkeit der Rechercheergebnisse.

Patterns

Siehe Wortschatz

Sonderpädagogischer Kommentar

In diesem Kontext sollen die Schüler zu einer erweiterten Medienkompetenz gelangen. Das eher sinnfreie Spielen am Computer wird mehr und mehr abgelöst durch das Gewinnen von nicht nur zufälligen, sondern gewünschten Informationen.

Material:
- Ausreichende Anzahl von Computern mit Internetzugang
- M 3.2 Christmas around the world

Unterrichtsverlauf

Hinweis: Dies ist eher ein ungewöhnlicher Unterrichtsvorschlag. Mit Sicherheit darf jedoch davon ausgegangen werden, dass er den Interessen der Jugendlichen entspricht. So wird ein bekanntes Thema auf anderem Wege neu erschlossen. Die Vorgaben an dieser Stelle können nur sehr allgemein ausfallen und hängen unmittelbar von der konkreten Situation in der jeweiligen Klasse ab (Migrationshintergrund, Urlaubserlebnisse, Verwandtschaft der Schüler im Ausland, usw.).
Folgende Vorgehensweise kann empfohlen werden:

Phase des Einstiegs

Gemeinsam sammeln die S. Vorwissen aus dem Geografieunterricht zu Ländern der Welt – einschließlich der Nutzung der entsprechenden Lehrmittel (Karten, Globus usw.). Deutsche Ländernamen werden gemeinsam ins Englische übersetzt.

Phase der Erarbeitung

L. stellt Ziel der Unterrichtseinheit vor. L. bespricht mit den S. M 3.2. Eventuell einigt sich die Klasse auf eine Auswahl von Ländern, zu denen sie Informationen sammeln will.
Die S. recherchieren Informationen zu Weihnachten in einem von ihnen gewählten Land im Internet.

Tipp: Es ist ratsam, den S. eine Auswahl an Internetadresse vorzugeben, von denen aus sie ihre Suche starten können. Alternativ könnten in der Klasse gemeinsam sinnvolle Suchbegriffe gesammelt werden, bevor die S. ihre Recherche starten.

Phase der Anwendung

Die S. präsentieren ihre Ergebnisse mit möglichst vielen englischsprachigen Anteilen im Plenum.
Tipp: Nützliche und/oder zentrale Vokabeln, die die S. in ihren Präsentationen nutzen, können in einem Wortschatzpool für alle gesammelt werden.

3.4.2 Wishes for the New Year

Grobziel

Die Schüler begrüßen das neue Jahr mit Wünschen für sich und andere. Dabei schulen sie sowohl vorausschauendes Denken als auch ihr Einfühlungsvermögen.

Wortschatz

All the best!
pleasure
happiness
friend(s)
Good luck!
success(ful)
health

Patterns

- Be successful/happy …
- Happy …
- I wish you …
- I would like to …
- I am …
- I have got …
- days of the week, months, spring, summer, autumn, winter

Sonderpädagogischer Kommentar

Über handlungsorientiertes Lernen sollen fremdsprachliches Wissen und Können variabel wiederholt und damit vertieft und angewendet werden. Englisches Elementarwissen kann somit gesichert werden.
Die soziale Kompetenz der Schüler wird durch das Erleben, in einer Gemeinschaft zu sein und zu wirken, erhöht.

Material:
- Zeichenkarton (sehr glatte Oberfläche)
- Wachsmalstifte
- Raspel
- Bügeleisen
- CD 4 Riddle: Who or what am I? (Track 4)

Unterrichtsverlauf

Phase des Einstiegs

‚Who or what am I?‘ Der L. erzählt eine kleine Rätselgeschichte, in der ein JAHR beschrieben wird. Alternativ kann die Geschichte auch von CD (Track 4) vorgespielt werden.
Über das Hörverstehen erschließen die Schüler den Begriff YEAR.

Who or what am I?
“I am a part of time.
I know four seasons – winter, spring, summer and autumn.
I consist of twelve months.
Usually I have 365 days,
but sometimes I have 366 days.

Well – do you know me?
And can you tell me the names of my months in English?
BRILLIANT!!!“

Als zusätzliche Aufgabe zählen die S. die Monatsnamen auf Englisch auf.

Phase der Erarbeitung

Die S. nennen Wünsche für das neue Jahr in der Muttersprache. Hier könnten die S. zunächst in Einzel- oder Partnerarbeit Ideen sammeln, die dann im Plenum zusammengetragen werden. Gemeinsam werden die Wünsche in die englische Sprache übersetzt. (Hier bietet sich auch eine intensive Arbeit mit dem Wörterbuch an.)

Phase der Anwendung

Die S. schreiben mithilfe ihrer gesammelten Wünsche eine *New Year’s card.* Dafür wird gemeinsam ein kurzer Text erarbeitet, in den die S. ihre individuellen Wünsche anschließend einsetzen können.
Am Ende wird die Karte von den S. gestaltet, z. B. in der Encaustic-Technik (bietet die Möglichkeit, ein Feuerwerk gestalterisch nachzuempfinden).
Encaustic = Malen mit heißem Wachs
(siehe: http://www.hobbyring.de)
Die Technik sollte jedoch sehr vereinfacht werden, indem Wachsmalstifte geraspelt, mit einem Bügeleisen unter einem Schutzblatt erhitzt und nach Wunsch angeordnet und gemischt werden.

Weiterführung

Formulieren von Wünschen zu anderen Anlässen

3.5 Unterrichtseinheit für die Klassenstufen 9/10

3.5.1 A New Year’s Party

Grobziel

Die Schüler entwickeln zunehmend Selbstständigkeit in der Gestaltung ihres Lebensumfelds und Sicherheit im autonomen Umgang mit Freunden und Bekannten. Ein Grundwissen in der Fremdsprache Englisch ist selbstverständlicher Bestandteil ihrer allgemeinen Grundbildung.

Wortschatz

invite to … / invitation
come – bring – help – support

Patterns

- Come at … / Come to …, please.
- Bring …
- Please help me …

Sonderpädagogisher Kommentar

Den Jugendlichen gelingt die Gestaltung einer kulturvollen und dennoch altersgerechten Party unter Berücksichtigung ihrer materiellen und finanziellen Möglichkeiten.

Material:
- alte Hüte, Kopftücher, Spangen, Bänder, Kappen … und Accessoires dafür
- Material für Einladungskarten
- M 3.3 A New Year’s Party

Unterrichtsverlauf

Phase des Einstiegs

Die S. sammeln Ideen, was man bei der Planung einer *New Year’s Party* im Voraus planen und bedenken muss: *where – when – who – what?* Dies kann in Form einer Mind-Map geschehen.

Phase der Erarbeitung I

Die S. werden angeregt, sich in die Situation zu versetzen, eine eigene *New Year's Party* planen zu wollen. Die S. formulieren hierfür in Partnerarbeit kurze englische Einladungstexte. Wichtig ist dabei, dass die S. auch bedenken, dass Gäste möglicherweise unterschiedliche Dinge mitbringen sollen (*food, drinks, music, etc.*). Als Hilfe oder Beispiel kann M 3.3 einbezogen werden. Dieser fertige Einladungstext braucht von den S. nur noch durch einzelne Daten und Wörter ergänzt werden. Im Anschluss schreiben die S. ihre Texte auf eine Karte und gestalten diese ansprechend.

Phase der Erarbeitung II

Im gemeinsamen Unterrichtsgespräch sollte die Idee entwickelt werden, die geplante *New Year's Party* unter ein Motto zu stellen, z. B. *A hat party.* Gemeinsam überlegen die S., wie eine solche Hut-Party aussehen könnte: Beispielsweise erscheint jeder Gast zur Party mit einem selbst gestalteten Hut oder einer besonderen Kopfbedeckung. Um Mitternacht wird dann *„Mister Hat"* oder *„Miss Hat"* gewählt.
Die Gestaltungselemente für einen solchen Hut können englisch bezeichnet werden *(colours, hat, flowers, sticker, ribbon, feathers, fruits ...).*
Ergänzend: Die S. überlegen sich weitere eigene Themen für ihre Silvesterparty.

Abschlussphase

Funny Quiz: Beim Funny Quiz werden englische Begriffe umschrieben. Je nach Leistungsvermögen der Klasse kann die Beschreibung entweder auf Deutsch oder Englisch passieren. Das Lösungswort ist aber stets ein englisches: FIREWORK – HAT – NEW YEAR – NIGHT/MIDNIGHT – WISH – PARTY.

FUNNY QUIZ

FIREWORK – I am loud and colourful. I am in the sky. I scare off the bad ghosts.

HAT – I am on the part of your body which sounds like my name.

NEW YEAR – I am not old. I am born on the 31st of December at midnight. I last for the next 365 days.

MIDNIGHT – It's dark and the hour of the ghosts. At this moment a day is over.

PARTY – It's an evening together with friends. They laugh, sing, listen to music, dance, play games.

Weiterführung

Zum späteren Unterricht gehört dann auch die Anfertigung einer Party-Kopfbedeckung. Hierfür entwickeln die Jugendlichen Ideen, zeichnen Entwürfe und sammeln entsprechende Materialien und Accessoires. Abschließend können die Hüte den Mitschülern auf Englisch vorgestellt werden.

4 Easter

4.1 Einführung

Über den Ursprung des Begriffes EASTER oder „Ostern“ ist man sich nicht völlig sicher. Er wird in dem angelsächsischen Namen der Göttin der Morgenröte, des Frühlings und der Fruchtbarkeit „Eostrae“ bzw. „Eostre“ oder „Ostara“ vermutet. Ihr zu Ehren feierten die Menschen bereits vor der Christianisierung das Frühlingsfest der Tagundnachtgleiche. Fruchtbarkeits- und heutige Ostersymbole wie der Hase und das Ei stammen aus dieser Zeit.
Im Jahr 325 legte die Kirche ihre bedeutendste Feierlichkeit, die Auferstehung Christi, mit diesem Fest zusammen.
EASTER ist ein beweglicher Feiertag und wurde im Jahr 325 auf den ersten Sonntag nach dem ersten Vollmond nach Frühlingsbeginn (21. März) festgelegt. Christen feiern am Gründonnerstag das letzte Abendmahl. Am Karfreitag gedenkt man der Kreuzigung, und am Karsamstag herrscht Grabesruhe. Höhepunkt des Osterfestes ist der Ostersonntag, der Tag der Auferstehung.
Wie bei vielen anderen Feiertagen vermischen sich auch zu Ostern christliche und vorchristliche Sitten zu einer jeweils landestypischen Art und Weise, das Fest zu begehen. Es steht in vielen Ländern für Ausgelassenheit, Fröhlichkeit und Neubeginn.
Symbole und Traditionen weisen sowohl Gemeinsamkeiten als auch Unterschiede auf. Beginnend im Tierreich bei Osterhase, Lamm und Küken über das Osterei und das Osterfeuer bis hin zu Feierlichkeiten, Spielen und bestimmten Speisen bietet die Osterzeit eine Vielfalt von Überlieferungen und Bräuchen, die sogar innerhalb eines Landes variieren können.

4.2 Games, songs, poems

Die folgenden Beispiele erheben keinerlei Anspruch auf Vollständigkeit. Sie sind lediglich ein kleiner Pool für Kollegen in Zeitnot. Aus urheberrechtlichen Gründen sind zum größten Teil lediglich Internetadressen angegeben. Diese sind auch eine gute Quelle, um insbesondere Songs mit den Schülern gemeinsam zu lernen.

Poems

Hot Cross Buns (nursery rhyme)

Hot cross buns! Hot cross buns!
One a penny, two a penny – Hot cross buns!
If you have no daughters, give them to your sons.
One a penny, two a penny – Hot cross buns!

Games

Easter Egg Rolling: Bunte Eier werden von einem Hügel hinabgerollt. Der Spieler, dessen Ei zuerst einen festgelegten Punkt erreicht, gewinnt.

Easter Egg Bowling: Ein weißes Ei wird in der Mitte des Raumes platziert. Die Spieler versuchen nun, mit ihren bunten Eiern das weiße Ei zu treffen.

Egg and Spoon Race: Bunte Eier werden bei einem Wettlauf auf einem Löffel transportiert. Eine schwierigere Variante ist, dabei einen Hindernisparcour zu überwinden.

Songs/Poems

- http://www.indobase.com/holidays/easter/easter-songs/index.html
- http://www.angelfire.com/la/kinderthemes/efingerplays.html
- http://www.canteach.ca/elementary/songspoems15.html#
- http://www.kididdles.com/lyrics/easter.html
- http://www.easterbunnys.net/songs.htm
- http://www.theholidayspot.com/easter/music/

4.3 Unterrichtseinheit für die Klassenstufen 5/6

4.3.1 Symbols

Grobziel

Die Schüler haben im Englischunterricht der Grundschuljahre wahrscheinlich schon Lexik zum Thema Easter kennengelernt. Diese wird nun reaktiviert und erweitert. Eigentliche Zielsetzung ist die Verwendung der Lexik in einfachen Sätzen, in denen die Begriffe mit Adjektiven beschrieben werden. In diesem Rahmen soll ein großes Mobile für die Klasse entstehen, das mit Symbolen und Lexik bestückt ist.

Wortschatz

Easter egg, Easter bunny, Easter chick, Easter lamb
Good Friday, Easter Sunday, Easter Monday
spring, daffodil, tulip
adjectives (abhängig von Schülerbeiträgen)

Patterns

- The Easter lamb is small and woolly. / The Easter egg is colourful and nice. / Spring is...
- I like...

Sonderpädagogischer Kommentar

Der Bau eines Mobiles ist einerseits für alle motivierend, andererseits ist der Wortschatz dauerhaft vor Augen und wird auf diese Weise besser verinnerlicht. Für andere Festlichkeiten oder unterrichtliche Anlässe kann das Mobile jeweils mit neuen Inhalten ausgestattet werden.

Material:
- großer Ast einer Korkenzieherweide
- leere Wortkarten
- Schnur
- Wörterbücher
- M 4.1 Easter symbols
- M 4.2 Mobile

Unterrichtsverlauf

Phase des Einstiegs

L. versteckt vor dem Unterricht Ostersymbole bzw. Bilder davon und entsprechende Wortkarten. S. suchen zu Beginn der Stunde Symbole/Bilder und Wortkarten und sammeln ihre Funde.

Phase der Erarbeitung

Gemeinsam ordnen S. Wortkarten den entsprechenden Symbolen zu. L. leitet Lesen und lautes (Nach-)Sprechen der Begriffe an.
S. befühlen Symbole bzw. betrachten Bilder und nennen zwei Eigenschaften zu jedem Symbol auf Deutsch. (Englische Wörter dürfen natürlich auch genannt werden.) Diese schreiben sie, möglichst in einheitlicher Farbe, auf leere Wortkarten. Mithilfe des Wörterbuchs werden Eigenschaften anschließend ins Englische übersetzen und in einer anderen Farbe (einheitlich!) auf die Rückseite der entsprechenden Wortkarte geschrieben.
Zur Übung werden anschließend jeweils Symbol und Eigenschaften benannt. Wenn möglich, werden auch schon Sätze gebildet.
Hinweis: Weitere Satzbausteine (z.B. articles, verbs) stehen unterstützend an der Tafel.

Phase der Anwendung

S. bearbeiten AB M 4.1. Hinweis: Eigenschaften können hier nicht oder nur nach Vermutung vorgegeben werden, da sie erst während der Erarbeitungsphase von den S. subjektiv empfunden und benannt werden.

Gestaltung des Mobiles

Mithilfe des AB M 4.2 fertigen die S. ein Mobile mit der Lexik und den Symbolen zum Thema Easter an. Ergänzt wird das Mobile durch gestaltete Wortkarten mit Eigenschaftswörtern aus der Einstiegsphase.
Hinweis: Bilder und Wortkarten von AB M 4.2 können beim Kopieren vergrößert werden.

Abschlussphase

S. benennen mit einem englischen Satz Lieblingssymbol am Mobile (Beispiel: *„I like the Easter bunny.“*).

Verknüpfungen

- days of the week
- seasons
- flowers and plants
- months
- adjectives
- pets and animals
- Bedeutung der Ostersymbole

4.4 Unterrichtseinheit für die Klassenstufen 7/8

4.4.1 Making hot cross buns

Grobziel

Die Schüler lernen in dieser Unterrichtseinheit ein traditionelles Ostergedicht über die *hot cross buns*. Weiterhin müssen sie aus vorgegebenen *patterns* ein Rezept erstellen, verstehen und nachbacken.

Wortschatz

bowl, oven, baking sheet
milk, sugar, salt, cinnamon, nutmeg, flour, yeast, butter, confectioner's sugar, raisins
stir, mix, add, (pre)heat, put, bake, leave, cover, wait, glaze

Patterns

- Heat the milk. / Preheat the oven.
- Add sugar.
- Mix ingredients. / Stir constantly.
- Leave the dough. / Knead the dough.
- Cover the bowl. / Keep it warm.
- Wait for ten minutes.
- Put it on a baking sheet. / Make a cross.
- Brush the buns. / Bake the buns.

Sonderpädagogischer Kommentar

Geht es um eine gewisse Kulturkompetenz das britische Osterfest betreffend, so darf das Wissen um die *hot cross buns* nicht fehlen. Die Schüler sollten auch erfahren, dass das Kreuz auf der Oberseite des Gebäcks im Gedenken an die Kreuzigung Jesu gemacht wird.
Die Aufgabenstellungen sind auf Deutsch gehalten, da das Rezept bereits eine hohe Anforderung an das Fremdsprachenverständnis der Schüler stellt.

Material:
- M 4.3 Hot cross buns – a traditional poem
- M 4.4 Hot cross buns recipe
- M 4.5 Crossword
- CD 5 Poem: Hot cross buns (Track 5)
- CD 6 Song: Hot cross buns (Track 6)
- CD 9 Lösungen: Crossword (M 4.5)
- evtl. Wörterbücher
- Papierbögen, Stifte, evtl. Bilder von hot cross buns
- Zutaten siehe Rezept
- Hauswirtschaftsküche mit Backöfen

Unterrichtsverlauf

Phase des Einstiegs

L. trägt Gedicht vor oder spielt es von der CD (Track 5 und/oder 6).
S. benennen den Hauptinhalt/Thema des Gedichts. Ggf. wird an dieser Stelle im Unterrichtsgespräch geklärt, was *hot cross buns* genau sind.

Phase der Erarbeitung I

S. bearbeiten AB M 4.3. Beim lauten Lesen des Gedichts sollte der L. die S. dazu animieren, es wie ein Bäckereiverkäufer, der seine Ware anpreist, vorzutragen.
Mögliche Vertiefung: S. lernen Gedicht auswendig und bereiten einen Vortrag vor. Als spielerische Variante können einige S. auch einen ernsten, einen lustigen, einen traurigen usw. Vortrag vorbereiten.

Phase der Erarbeitung II

Empfehlung: 3–4 Schüler arbeiten in Erarbeitungsphase II zusammen.
S. erhalten einzelne Abschnitte des Rezepts zerschnitten in Umschlägen und ordnen sie. (Wörterbücher) S. kontrollieren ihr Ergebnis mithilfe des AB M 4.4.
Hinweis: Lehrer gibt in Spalte *My dictionary* ggf. bereits Lexik vor.
S. suchen aus dem Rezept alle Zutaten heraus und ordnen sie entsprechenden Bildern auf dem AB zu.
Zur weiteren Verständnissicherung nutzen die S. die Leiste *My dictionary* und Wörterbücher. Leseübungen begleiten und vertiefen die Verständnissicherung zusätzlich.
Schülergruppen gestalten mit *patterns* aus dem Rezept sowie Lexik der Zutatenliste Plakate, um beides später beim Backen beschreibend anwenden zu können.

Phase der Anwendung

L. stellt Zutaten auf einem Tisch bereit und mischt einige falsche darunter. Die S. wählen die richtigen Zutaten aus.
In Gruppen backen die S. das Rezept nach. Dabei nutzen sie Lexik und *patterns* von ihren selbstgestalteten Plakaten.
Hinweis: S. bearbeiten AB M 4.5, während die *hot cross buns* im Ofen sind.

Abschlussphase

Gemeinsam werden die *hot cross buns* gegessen.

Verknüpfungen

- Internetrecherche über den Ursprung der *hot cross buns*
- fächerübergreifend: Maßeinheiten und Gewichte in Mathematik
- Vertiefung, Übung der Lexik zum Thema *Baking*
- englische Anweisungen geben (z. B. *classroom phrases*)

4.5 Unterrichtseinheit für die Klassenstufen 9/10

4.5.1 Crazy symbols – Let's call it Hip Hop Bunny

Grobziel

Die Schüler sollen auch in diesem Alter motiviert werden, sich mit dem Thema Easter zu befassen. Also werden bekannte Symbole mit ihren Interessengebieten verknüpft und ihre Kreativität herausgefordert. Dabei entstehen neue *crazy Easter symbols.* Zusätzlich üben die Schüler einfache Strukturen einer Präsentation.

Wortschatz

to look like, to call, to hide, to like / don't like
description, activity
crazy, favourite, every, together, really

Patterns

- It likes ... / It doesn't like ...
- It hides not only ... but also ...
- That's why ...
- It is really crazy, because ...
- Let's call it ...
- not only ... but also, because

Sonderpädagogischer Kommentar

Das Arbeitsblatt M 4.7, in das die Schüler lediglich einzelne Wörter einsetzen müssen, hat ein niedriges Anforderungsniveau. Dieses kann differenziert werden, indem vorgegebene Lexik oder Satzteile unkenntlich gemacht werden bzw. der Text um weitere Sätze ergänzt wird.

Material:
- ein vorgefertigtes *crazy symbol* mit Namensschild
- HA der Schüler (1–2 Wochen vorher aufgeben): Stoff-, Woll-, Pelzreste, Knöpfe, Glitzersteine, besondere Papierreste, aufklebbare Dekoration
- M 4.6 a/b Easter symbols (pictures)
- M 4.7 Present your crazy symbol
- Wörterbücher

Unterrichtsverlauf

Vorbereitung

L. erteilt 1–2 Wochen vorher die HA, Dekorationsmaterial (siehe Material) zu sammeln und verweist auf nahendes Easter.

Phase des Einstiegs

L. präsentiert sein *crazy symbol* zunächst kommentarlos und wartet Reaktionen der S. ab. Anschließend stellt L. sein *crazy symbol* mit kurzen Sätzen vor.
S. nennen weitere *Easter symbols.* L. heftet bei Erwähnung entsprechendes Symbol (M 4.6a) an die Tafel. L. stellt Arbeitsauftrag vor, selbst ein *crazy symbol* mithilfe des gesammelten Materials zu kreieren.
Hinweis: Je nach Klassensituation können die S. ihre *crazy symbols* auch als Graffiti gestalten oder eine entsprechende Comicfigur erfinden.

Phase der Erarbeitung I

S. kreieren ihr eigenes *crazy symbol,* überlegen sich einen passenden Namen und entwerfen dazu passend ein Namensschild. Hinweis: M 4.6b mit den traditionellen Symbolen als Umrisszeichnungen nur unterstützend anbieten, S. können eigenes Symbol entwerfen.
In einer Zwischenpräsentation stellen die S. ihr *crazy symbol* kurz namentlich vor *(„This is ...")* und haben Gelegenheit, sich die *crazy symbols* ihrer Mitschüler anzuschauen.

Phase der Erarbeitung II

L. erinnert an die Präsentation seines *crazy symbol* und fordert die S. auf, eine ähnliche Präsentation vorzubereiten.
S. sammeln gemeinsam inhaltliche Eckpunkte ihrer Präsentation auf Deutsch und Englisch (z.B. *address, hobbies, likes, dislikes, ...*).
L. visualisiert Ergebnisse englisch an der Tafel oder mithilfe des OHP, z.B. in Form einer Mind-Map mit Ausgangswort *‚Presentation'* oder dem Namen des jeweiligen *crazy symbol.*
S. übernehmen gemeinsam erstellte Mind-Map auf AB M 4.7. Anschließend bearbeiten die S. Teil 2 des AB.
Hinweis: Teil 2 von M 4.7 dient lediglich als Grundlage und kann entsprechend der Ergebnisse der Mind-Map ergänzt werden.

Phase der Anwendung

S. präsentieren ihre *crazy symbols.*

Abschlussphase

Abhängig vom sozialen Klima in der Klasse kann zum Abschluss eine offene oder geheime Wahl eines ‚*Crazy class symbol*' stattfinden.

Verknüpfungen

- style and fashion
- favourite star
- favourite music
- Introduce yourself or a friend.
- likes/dislikes
- activities
- Übungen zum Mind-Mapping

Hinweis: Als Fortsetzung der Sequenz finden Sie auf der beiliegenden CD die Unterrichtseinheit *Our crazy Easter story (*CD 10). Hier werden die S. dazu angeregt, sich gemeinsam eine Geschichte auszudenken mit ihren *crazy symbols* in den Hauptrollen.

5 Birthday

5.1 Einführung

Das Thema BIRTHDAY ist einer der persönlichsten Sachgegenstände, der im Englischunterricht behandelt wird. Er zeichnet sich dadurch aus, dass er Jahr für Jahr, von Klassenstufe zu Klassenstufe für jeden Schüler eine individuelle, aber sich auch wandelnde Bedeutsamkeit besitzt. Gleichzeitig zeigt es wie wohl kaum ein anderes Thema die Alters- und Reifeentwicklung der Kinder und Jugendlichen eindringlich an. So besitzt beispielsweise der 15. Geburtstag eine ganz andere Bedeutung für den Schüler als der elfte. Der Kindergeburtstag (meist noch von den Eltern organisiert) weicht mehr und mehr der (möglichst autonomen) Party der Jugendlichen. Persönliche Interessen, Neigungen und Hobbys prägen zunehmend die eigene Geburtstagsfeier. Sowohl der kulinarische als auch der musikalische Geschmack verändern sich. Individuelle Lebensstile, Vorstellungen und Wünsche werden deutlich erkennbar und artikuliert.

In diesem Kontext scheint es selbstverständlich, dass BIRTHDAY als wiederkehrender Bestandteil des Englischunterrichts diesen veränderten Lebenssituationen und Sozialisationen entsprechen muss.
In Bezug auf die Fremdsprachenvermittlung für Schüler mit Lernbeeinträchtigungen besteht gleichzeitig aber auch der Anspruch, ein elementares Grundniveau beizubehalten bzw. es in einer dem kognitiven Vermögen der Schüler angemessenen Weise weiterzuentwickeln. So ist BIRTHDAY dann auch kein losgelöster, grundsätzlich neuer oder autonomer Lerngegenstand. Sowohl in der Vorbereitung, der Nachbereitung als auch während der Durchführung sollten folgende Themenschwerpunkte nicht vernachlässigt werden:

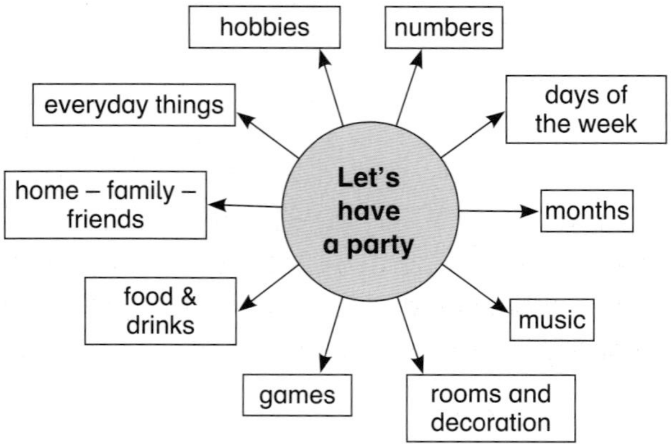

5.2 Games, songs, poems

Das bekannteste englische Geburtstagslied:

Happy Birthday
Happy Birthday to you
Happy Birthday to you
Happy Birthday, dear …
Happy Birthday to you.

From good friends and true
From old friends and new
May good luck go with you,
And happiness too.

Alternatives Ende:
How old are you?
How old are you?
How old, how old
How old are you?

Bonita Canyon Version of Happy Birthday
Today is a birthday, I wonder for whom?
It must be for somebody right in this room.
So look all around you for somebody who
Is smiling and happy, my goodness, it's you!

Happy Birthday, …, from all of us to you
Happy Birthday, …, from all of us to you.
We congratulate you, and hope all your sweet dreams come true.
Happy Birthday …, from Mommy and Daddy too (boom boom).

Birthday song von den BEATLES
Texte und Melodie zu finden unter
http://1happybirthday.com/traditional.php

Poems

Gedichte zum Geburtstag sind eher seltener.
Die meisten Gedichte, die anlässlich eines Geburtstages vorgetragen werden, sind selbst verfasst.
So bietet sich hier eine gute Gelegenheit für den Unterricht, mit den Schülern selbst englische Reime oder kleine Gedichte zu erarbeiten.

Games

Spiele für eine Geburtstagsfeier sind vor allem vom Alter des Geburtstagskindes, seinen Gästen und der Art der Party abhängig.

Einige Beispiele:

Toothpick Marshmallow Tower Game: mit Zahnstochern aus Marshmallows einen Turm bauen (Schnelligkeit bzw. Höhe)

Mystery Gift Pass: Kleine Geschenke sind in mehrere Schichten Papier eingewickelt. Das Auspacken jeder Schicht ist mit der Lösung einer Aufgabe verbunden, die gestellt wird, wenn die Musik verstummt.

Gift Grab – Card Game: Ein kleines Geschenk erhält der Spieler, der die Aufgabe / das Rätsel … auf einer gezogenen Karte löst.

Crazy Ping Pong: Eine Mannschaft spielt Tischtennis und wird durch die andere mit der heißen Luft eines Föns gestört.

Musical Chairs = Reise nach Jerusalem („Stuhltanz")

Spoon and Spool Race: Eine Spule an einem Ende des Fadens, am anderen ein Löffel. Die Spule soll aufgerollt werden, um in den Besitz des Löffels zu gelangen. Die andere Mannschaft versucht zu stören.

What Animal am I? Tiere pantomimisch darstellen und (auf Englisch) erraten

Superman, Help Us! Die Schüler laufen im Raum umher. Es ertönt plötzlich der Ruf „Superman, help us!". Eine Aufgabe wird auf Englisch gestellt und als „Superman" erfüllt.

Cotton Ball Games: Unterschiedliche Spielvariationen mit einem Wattebausch – pusten, mithilfe der Nase bewegen …

Birthday Charades: Alle müssen eine vorgegebene Haltung einnehmen; man muss nun denjenigen finden, der die gleiche Vorgabe hatte.

(Alle Spiele zu finden unter http://partygameideas.com)

5.3 Unterrichtseinheiten für die Klassenstufen 5/6

5.3.1 „Now I am a teen"

Grobziel

Die Schüler festigen ihre grundlegenden Vokabelkenntnisse im Bezug zu ihrer Lebensrealität. Schwerpunktmäßig werden der Wortschatz zum Zahlenraum 1–20 und zu Alltagsgegenständen wiederholt und erweitert.

Wortschatz

numbers 1 to 20
I – you – he/she – we – they
going to school – at school
at home – doing homework – free time – play

Patterns

- I am/I'm – you are/you're – is
- How old are you?
- Yes, I am.
- No, I'm not.

Sonderpädagogischer Kommentar

Die Selbstkompetenz der Schüler ist insbesondere durch folgende Einsichten zu stärken: *„Auch ich lerne eine Fremdsprache und kann schon Englisch sprechen. Ich kenne mich und kann das auf Englisch darstellen."*

Darüber hinaus werden die kognitiven Funktionen durch spielerisches Lernen verbessert.

Material:
- Schulhof
- Kreide
- Zahlenkarten
- Heft / Blatt Papier
- M 5.1 I am a teen
- M 5.2 How old is …?

Unterrichtsverlauf

Phase des Einstiegs

Das *„Number-Game"*: Auf dem Schulhof befinden sich Zahlenfelder (Kreide oder Schilder) aus dem Zahlenraum 1–20. Der L. stellt einfache Rechenaufgaben (z. B. je nach gerade behandelter Rechenart) – wahlweise deutsche oder englische Formulierung. Die S. laufen zum Ergebnisfeld und rufen die Zahl auf Englisch. Gewonnen hat, wer die meisten richtigen Lösungen finden konnte.

Alternativ oder zusätzlich werden die englischen Zahlen im Klassenraum wiederholend geübt – z. B. vorwärts-/rückwärtszählen, Zahlen nach optischer Vorlage nennen, Gegenstände im Raum zählen, Antworten auf *„How much/many …?"*.

Phase der Erarbeitung I

Die S. bearbeiten M 5.1. Dafür werden im Plenum zunächst zu jedem Bild passende Wörter gesammelt (z. B. *a birthday cake, twelve candles, a football, playing soccer*). Gut ist es, wenn dafür vergrößerte Kopien der einzelnen Bilder an der Tafel hängen. Anschließend suchen sich die S. die Bilder aus, von denen sie meinen, dass sie zu ihnen (ihrem Alter) passen. Diese schneiden sie aus und kleben sie auf ein separates Blatt Papier. Die S. malen ihre ausgesuchten Bilder aus und beschriften sie mit den gesammelten Wörtern von der Tafel.

Phase der Erarbeitung II

Die S. spielen einen kurzen Frage-Antwort-Dialog (PA): *„How old are you? – I am … years old."* (Ggf. spielt der L. den kurzen Frage-Antwort-Dialog vorher 2-3 Mal mit S. vor, wobei der L. die initiierende Rolle übernimmt.) Anschließend bearbeiten die S. M 5.2. Das AB wird zunächst mündlich in Partnerarbeit bearbeitet. Anschließend können die Dialoge zusätzlich verschriftlicht werden.

Abschlussphase

Die S. laufen durch das Klassenzimmer oder auf dem Schulhof. Begegnen sie sich, schlagen sie sich ab und rufen dabei: *„You are … (Zahl einsetzen)."* S. antwortet: *„Yes, I am."* oder *„No, I'm not."*

Weiterführungen

Es können verschiedene andere Spiele gewählt werden, die dann jeweils neben den Zahlen andere Themenschwerpunkte setzen, z. B. Alltagsgegenstände, Farben, Schulsachen.
Mögliche Spiele: Ich sehe was, das du nicht siehst – Stille Post – Gegenstände raten – Tasche/Koffer packen.

Eine gute Verknüpfung bietet sich zu den Fächern Mathematik und Sachkunde an.

5.3.2 Selfmade Birthday present

Grobziel

Die Schüler erweitern ihren allgemeinen Grundwortschatz durch die Wiederholung und Neuvermittlung von englischen Begriffen für Alltagsgegenstände im schulischen und häuslichen Umfeld.

Wortschatz

present, box
numbers 1 to 20
ball, game, puzzle
paper, glue
main colours (red, blue, white, yellow, green …)

Patterns

- Happy Birthday to …
- This is my present for you.
- My present for you is …
- Aufforderungssätze

Sonderpädagogischer Kommentar

Besonderes Augenmerk ist auf die Entwicklung der Kommunikations- und Beziehungsfähigkeit zu richten.
Zudem werden Fantasie und Gedächtnisleistungen gefordert und gefördert.

Material:
- Bastelmaterial: Zeichenkarton, Buntstifte, Laminiergerät, Laminierfolien, Schere
- Geschenkpapier, Schleifenband
- M 5.3 Presents, presents, presents
- M 5.4 A memory
- CD 11 Memorykarten (blanko)

Unterrichtsverlauf

Phase des Einstiegs

„First letter": Die S. finden zu jedem Buchstaben des Wortes *„Present"* ein ihnen bekanntes englisches Wort, das mit diesem Buchstaben beginnt. Beispiel:

***P** upil*
***R** ed*
***E** gg*
***S** chool*
***E** at*
***N** ice*
***T** eacher*

Es folgt ein Unterrichtsgespräch zu Anlässen für Geschenke.

Phase der Erarbeitung

Die S. bearbeiten M 5.3, indem sie Bilder von möglichen Geschenken englischen Begriffen zuordnen.

Phase der Anwendung

Die S. basteln mithilfe von M 5.4 ein Memory. Auf ein Kärtchen schreiben sie immer den englischen Begriff, z. B. *cow,* auf das andere Kärtchen malen sie ein entsprechendes Bild.
Hinweis: Ein AB mit blanko Memorykarten findet sich auf der beiliegenden CD 11.
Anschließend werden die Memorykarten laminiert und zerschnitten. Zur Aufbewahrung des Spiels gestalten die S. eine passende Schachtel. Abschließend verpacken die S. ihr Geschenk.

Abschlussphase

Die S. übergeben sich gegenseitig ihre Geschenke und nutzen bei diesem kleinen Rollenspiel vorgegebene *patterns ("Happy Birthday to you!*
This is my present for you.").

Weiterführung

Es kann das Sprachmuster *„congratulations to …"* eingeführt werden.

5.4 Unterrichtseinheit für die Klassenstufen 7/8

5.4.1 A birthday story

Grobziel

Die Schüler festigen ihre Fähigkeit zum sinnentnehmenden Lesen (nach akustischer Vorgabe) und verstehen einfache englische Handlungsanweisungen. Sie nutzen Anglizismen, die in ihre Muttersprache Eingang gefunden haben, als Unterstützung für die Inhaltserschließung.

Wortschatz

birthday
Sandwiches: toast, bread, mayonnaise, sauce, ketchup, cheese, salad, tomato, cucumber, salami, ham

Patterns

- Take a slice of …
- Put on …
- Make it with …
- You need …

Sonderpädagogischer Kommentar

Der lebenspraktische Bezug des Unterrichtsgegenstandes richtet Aufmerksamkeit und Wahrnehmung der Schüler. Denktätigkeiten werden durch das Handeln beim Sandwichzubereiten unterstützt.

Material:
Für Handlungskarten und Rezeptkarten unbedingt nutzen:

- **„Easy English Lessons – Food and Drinks", M 4.8–4.11 *(Diese befinden sich als Extra auf der CD, die dem vorliegenden Band beiliegt* (CD 12))**
- M 5.5 A birthday story
- M 5.6 A birthday story – pictures
- CD 7 Story: A birthday story (Track 7)
- Küchengeräte für Sandwichzubereitung
- Lebensmittel

Unterrichtsverlauf

Phase des Einstiegs

Der L. liest die Geschichte *A birthday story* (M 5.5) vor oder spielt sie von der CD (Track 7). Im Unterrichtsgespräch werden Thema und erstes Grundverständnis der Geschichte gesichert.

Phase der Erarbeitung I

Die Geschichte wird erneut vorgelesen oder vorgespielt. Die S. verfolgen die Geschichte mithilfe der Bilder (M 5.6).
Anschließend sammeln die S. beschreibende Wörter zu den Bildern (M 5.6). Die Ergebnisse werden im Plenum verglichen.
Alternativ: Die S. ordnen der Bildgeschichte Textteile zu (aufschreiben oder aufkleben). Die S. ordnen den Bildern vorgegebene Einzelwörter zu.

Phase der Erarbeitung II

Der L. kündigt an, dass die S. nun wie auf Sues Geburtstagsparty selber Sandwiches zubereiten wollen.
An der Tafel werden die Küchengeräte und Zutaten zusammengestellt, die benötigt werden.
Jeder S. erhält eine Handlungskarte, auf der die Arbeitsschritte für die Sandwichzubereitung in englischer Sprache stehen. Die S. fertigen danach ihr Sandwich an.
(Hinweis: Hierfür können entsprechende Arbeitsblätter aus dem Band *„Easy English Lessons – Food and Drinks"* genutzt werden. Diese finden Sie als Extra auf der CD, die diesem Band beiliegt (CD 12).)

Die S. stellen auf einer persönlichen Karte zusammen (englisch), welche Lebensmittel sie verwendet haben. So entsteht eine Sammlung unterschiedlicher Sandwichrezepte.

Abschlussphase

Die S. tauschen untereinander ihre Rezepte aus und probieren gegenseitig ihre Sandwiches.

Weiterführung

Aus dem Band *„Easy English Lessons – Food and Drinks"* können auch viele andere Materialien für Gerichte gewählt werden und in den Themenzusammenhang dieses Unterrichtsvorschlages eingebunden werden.

5.5 Unterrichtseinheit für die Klassenstufen 9/10

5.5.1 The birthday of my best friend

Grobziel

Die Schüler beschreiben Äußeres und Eigenschaften einer Person in englischer Sprache. Sie lernen, soziale Beziehungen einzugehen und zu erhalten. Ihr eigenes Selbstkonzept ermöglicht es ihnen, wirkliche Freundschaften aufzubauen. Selbstbewusstsein und Selbstwertgefühl, aber auch die Verantwortung anderen gegenüber, werden gestärkt.

Wortschatz

name – age – address – living place – date of birth – school – hobby
hair – eyes – figure
nice – friendly – helpful – clever – funny

Patterns

- My best friend is …
- My best friend has got …
- I like him/her because he/she …
- He/She would like …

Sonderpädagogischer Kommentar

Die Vertiefung der sozialen Kompetenz der Schüler wird in besonderer Weise gefördert. Sie lernen, sich selbst und ihre Mitmenschen wahrzunehmen und zu respektieren.

Material:
- M 5.7 Characteristics (Steckbrief)
- M 5.8 Appearance & Characteristics

Unterrichtsverlauf

Hinweis: Vorab ist es für diesen Unterrichtsvorschlag wichtig zu entscheiden, ob ein „fiktiver bester Freund" gewählt wird oder ob es – bei Einverständnis der Schüler – eine reale Person sein kann/darf.

Phase der Erarbeitung I

Die S. fertigen für ihren *best friend* einen Steckbrief an: Personalangaben – äußere Merkmale – Hobbys – Charaktereigenschaften. Als Hilfe können hier M 5.7 und M 5.8 als AB oder aber auch als Vorlagen für Tafelbilder oder Folien eingesetzt werden.

Phase der Erarbeitung II

Die S. sammeln auf Englisch Ideen für Geschenke bzw. Aktivitäten, die ihren *best friend* zum Geburtstag erfreuen könnten. Der L. führt die Sprachstruktur *„He/She would like…"* ein. Die S. wenden diese an, indem sie über die Geburtstagswünsche ihres *best friend* sprechen.

Phase der Anwendung

Die S. bereiten einen englischen Kurzvortrag über ihren *best friend* vor und halten ihn vor ihren Mitschülern: Personalangaben, äußere Merkmale, Hobbys, Charaktereigenschaften, (Geburtstags-) Wünsche etc. Dabei werden entsprechende *patterns* verwendet.
Die S. können den Vortrag veranschaulichen (z. B. mit Fotos, selbstgestalteten Bildern o. Ä.).
Zum Abschluss werden die Vorträge mündlich präsentiert.

Weiterführung

Die S. erlernen auch elementare Strukturen für das Beschreiben fremder bzw. ihnen nicht nahe stehender Personen.

1) Read the poem! Match the pictures with the sentences!

Dark

In a dark, dark wood (3)

there is a dark, dark house. ( )

And in the dark, dark house there is a dark, dark room. ( )

And in the dark, dark room there is a dark, dark shelf. ( )

And on the dark, dark shelf there is a dark, dark box. ( )

And in the dark, dark box there is a

GHOST !!! ( )

(1)

(2)

(3)

(4)
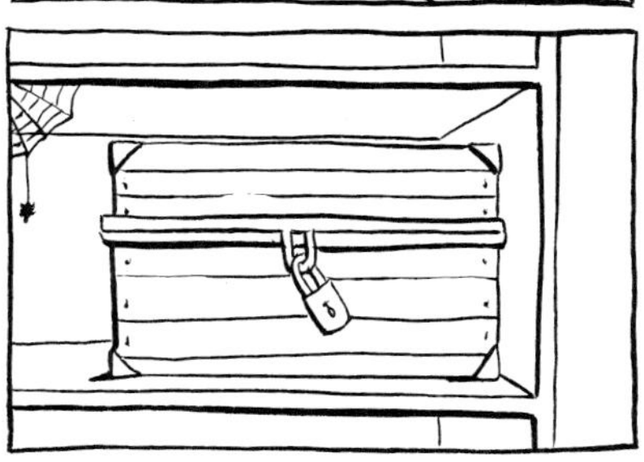

(5)

(6)

2) Colour the pictures!

3) Make sentences! Beispiel: **There is** a dark house.

There is ______________________________

____

____

____

name: ______________________ class: __________ date: __________

1) Do it like this:

① boow ɒ ni

② ɘsuoh ɘht ni

③ mooɿ ɘht ni

④ tlɘhs ɘht no

⑤ xod ɘht ni

⑥ tsohg

⑦ .boow ɘht ni ɘsuoh ɒ si ɘɿɘhT

⑧ .ɘsuoh ɘht ni mooɿ ɒ si ɘɿɘhT

⑨ .mooɿ ɘht ni tlɘhs ɒ si ɘɿɘhT

⑩ .tlɘhs ɘht no xod ɒ si ɘɿɘhT

⑪ .xod ɘht ni tsohg ɒ si ɘɿɘhT

2) Draw pictures to the mirror words.

name: ____________________ class: __________ date: __________

A pumpkin soup

You need:

1 pumpkin (Hokkaido)
2–4 potatoes
sausages
cream
salt, pepper, curry powder, paprika
parsley

a pot
a knife
spoons
soup bowls

① Cut the pumpkin into pieces.

② Take out the pips.

③ Wash the pumpkin.

④ Peel the potatoes.

⑤ Wash and cut them.

⑥ Cook the pumpkin and the potatoes in water and salt until soft.

⑦ Mash the cooked pumpkin and potatoes.

⑧ Add spices like you want: salt, pepper, curry powder.

⑨ You make the soup very delicious by adding cream or crème fraîche.

⑩ Put small pieces of sausages in the soup (you can fry them first).

⑪ Finally – some parsley.

Enjoy your meal!

name: ______________________ class: __________ date: __________

Title: ______________________________

Place of the story: ______________________________

Time of the story: ______________________________

Main characters: ______________________________

____

Horror effects: ______________________________

____

____

Special comments: ______________________________

____

____

My opinion: ______________________________

____

name: ______________________ class: __________ date: __________

Report about the film

M 1.5

1) **Write a report about the film.**
2) **Present your report to the class.**

PATTERNS	VOCABULARY (only ideas)
The title of the film is …	
The story is set on/in/at …	city – country – school – old house – underground – desert – garden – beach – lake …
It is …	evening – morning – night – winter – spring – past – present – future …
The main character/s is/are …	man – woman – child – teenager – animals – wolves – ghost – insects – gangster – vampire …
I was very shocked by… I was very surprised about… I liked… / I didn't like…	blood – screams – monster – darkness – costumes – make up – music – stunts – colours …
I was impressed by … I liked … / I didn't like …	dark music – actors – stunts – good/bad ending – language – characters …
My opinion about the film is …	good – bad – terrible – funny – boring – amazing – surprising – brilliant – exciting – cool – too long – too short …

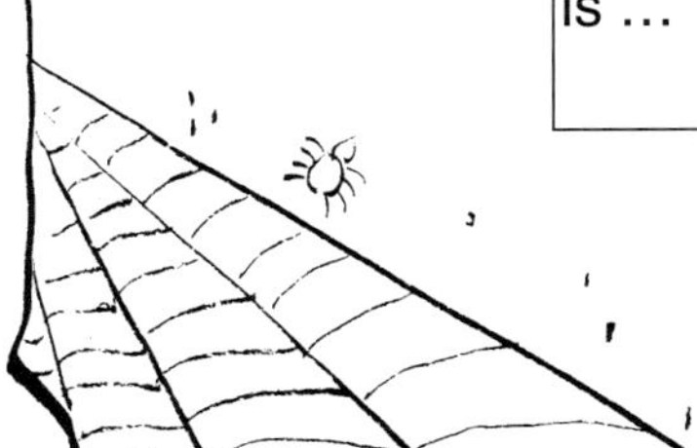

name: ____________________ class: __________ date: __________

Dr. Birgit Altenkirch/Annette Harb: Easy English Lessons – Special Days

food	turkey
green beans	corn
pumpkin	potatoes
sweet potatoes	**dishes**
knife	fork
spoon	plate
glass	bowl

furniture	table
chair	**family members**
father	mother
daughter	son
grandma	grandpa
sister	brother

name: ______________________ class: __________ date: __________

A Thanksgiving Dinner

① *mother* ______

② ______

③ ______

④ ______

⑤ ______

⑥ ______

⑦ ______

⑧ ______

⑨ ______

⑩ ______

⑪ ______

⑫ ______

⑬ ______

⑭ ______

⑮ ______

⑯ ______

⑰ ______

⑱ ______

⑲ ______

⑳ ______

spoon • table • pumpkin • father • turkey • plate • daughter • knife • sweet potatoes • chair • potatoes • grandma • glass • bowl • fork • ~~mother~~ • corn • son • green beans • grandpa

name: ______ class: ______ date: ______

Storyteller (ST) Pilgrim 1 (P1) Pilgrim 2 (P2) Pilgrim 3 (P3) Indian 1 (I1) Indian 2 (I2) Indian 3 (I3)

My dictionary

ST: *Hello, my name is ....* Ich werde euch heute die *story* vom *First Thanksgiving* erzählen. Das *First Thanksgiving* fand im Jahr 1621 in *America* statt. Ein Jahr vorher, 1620, beschlossen einige Menschen in *England*, ihre Heimat zu verlassen und nach *America* auszuwandern. In *England* wurden sie wegen ihrer Religion verfolgt. Deshalb wollten sie sich in *America* ein neues Leben aufbauen.

P1: Let's leave England.
P2: We have too many problems here.
P3: There is a ship, the Mayflower. So we can leave England with our families and travel to America.

ST: Und so bestiegen die *Pilgrims* das *ship* namens "Mayflower" und machten sich auf die Reise nach *America*. Sie waren viele Wochen unterwegs und verbrauchten dabei den größten Teil ihrer Vorräte. Als sie in *America* ankamen, war ihnen alles fremd. Sie kannten sich nicht mit Pflanzen und Tieren aus. Sie hatten keine Häuser und wussten nicht, wie sie den kommenden Winter überleben sollten.

name: ______________________ class: __________ date: __________

P2: This is a beautiful country.
P1: But how can we survive the next winter? There is not enough time to plant any vegetables. And we don't know which plants we can eat.
P3: Everything is strange. But we need houses and food. Our children are hungry. Who can help us?
P2: Let's ask the Indians.

ST: Die Ureinwohner, die *Indians*, hatten ihre neuen Nachbarn, die *Pilgrims*, längst bemerkt. Sie erkannten, dass die *Pilgrims* große Probleme hatten und trafen sich zu einer Beratung.

I1: Some days ago I saw the strangers. They were looking for food.
I2: Well, I think they are not fine. They call themselves Pilgrims.
I3: The Pilgrims and their children are suffering from hunger.
I2: Let's help them.
I1: We can teach them how to plant vegetables and how to hunt animals.

ST: So beschlossen die *Indians*, den *Pilgrims* zu helfen. Sie machten sich auf den Weg und trafen die *Pilgrims*, die ebenfalls ausgezogen waren, um Hilfe zu suchen.

I3: Hello, welcome to our country.
P2: Hello, we are … (*Pilgrims stellen sich mit ihren Namen vor*) What are your names?
I3: I'm …
I2: I'm …
I1: And my name is …
(*Indians stellen sich vor*)
P1: Thank God that we have met you. We have many problems.
P3: We don't know how to survive this winter. Can you help us, please?

name: ______________ class: ______ date: ______

I2: We can show you plants you can eat.
I1: We can show you animals and how to hunt them.
P2: Thank you so much. You are saving our lives.

ST: Und so lernten die *Pilgrims* von den *Indians* einheimische Pflanzen kennen, *pumpkin*, *potatoes*, *green beans* und *corn*. Die *Indians* zeigten ihnen auch den *turkey*, einen großen Hühnervogel, der gut schmeckte. Ein Jahr später, 1621, hatten die *Pilgrims* ihre erste Ernte eingebracht und luden die *Indians* zum *First Thanksgiving* ein, um sich für deren Hilfe zu bedanken.

P1: Let's celebrate this dinner to thank you for your help.
I3: You are welcome.
P3: Without your help we couldn't have survived the winter. Thank you.
I2: You learned many things about our country.
I1: Good luck for your life in America.
P2: And now let's eat. Enjoy your meal.

ST: So aßen und tranken *Indians* und *Pilgrims* zusammen und feierten das *First Thanksgiving*. Ohne die Hilfsbereitschaft der *Indians* hätten es die *Pilgrims* vielleicht nicht geschafft, ihre neue Heimat kennen zu lernen und zu überleben.

name: ______________________ class: __________ date: __________

Where do they travel? M 2.4

1) Who wants to travel where? Use the map above.

Hello, my name is Linda. I'm a student in Washington. My family lives in ____________________, more than 3000 kilometres away. It's expensive, but I think I'm going to travel by ____________.

Hi, I'm John, and I live in Washington. I have a job as a mechanic here. My family lives in ____________________; it's not too far away. I think I will go by ____________________ to see them on Thanksgiving.

Hello, my name is Paul. I live in Washington. I work in an office. My parents and my younger sister live in ____________________, about 950 kilometres away. I haven't got a car, and a plane ticket is too expensive. I'm going to travel by ____________.

2) Who wants to travel by car / plane / train?

Linda wants to travel to ______________ by ____________.

John wants ____________________________________.

Paul ____________________________________.

name: ____________________ class: __________ date: __________

Linda is now at the travel agency. She wants to buy a ticket.

Linda: Hello.
Clerk: Welcome, can I help you?
Linda: Yes, you can. I want to travel to Los Angeles by plane next Wednesday.
Clerk: Wednesday, 24th of November? It's Thanksgiving. Let me have a look. Oh, fortunately there are some free seats. May I book one for you?
Linda: Oh, fine. Of course I'll take a seat. How much is it?
Clerk: It's 210 dollars. The plane takes off at 9 a.m. and lands at 12:40 p.m.
Linda: Here you are. (*Linda pays the ticket.)*
Clerk: Thank you, here is your ticket. Have a nice trip.
Linda: Thank you, goodbye.
Clerk: Goodbye.

Paul wants to buy a ticket for his trip to Chicago.
He is now at the ticket office at the station.

Clerk: Hello, Sir. What can I do for you?
Paul: Hello. I want to travel to Chicago. Can you help me, please?
Clerk: Of course, sir. When do you want to travel?
Paul: On Tuesday, 23rd of November.
Clerk: There is a direct connection from Washington to Chicago. The train leaves at 6 a.m. and arrives at 10:50 p.m.
Paul: Fine. How much is a ticket?
Clerk: It's 128 dollars.
Paul: Here you are. (*Paul pays the ticket.)*
Clerk: Thank you, have a nice trip. Goodbye.
Paul: Goodbye.

Now you!
You are at the ticket office and you want to buy a ticket.
Write a short dialogue!

Think about:

- *Who are you? (an old man with bags / a rich lady with a dog / a punk / …)*
- *Where do you want to go?*

name: ______________________ class: __________ date: __________

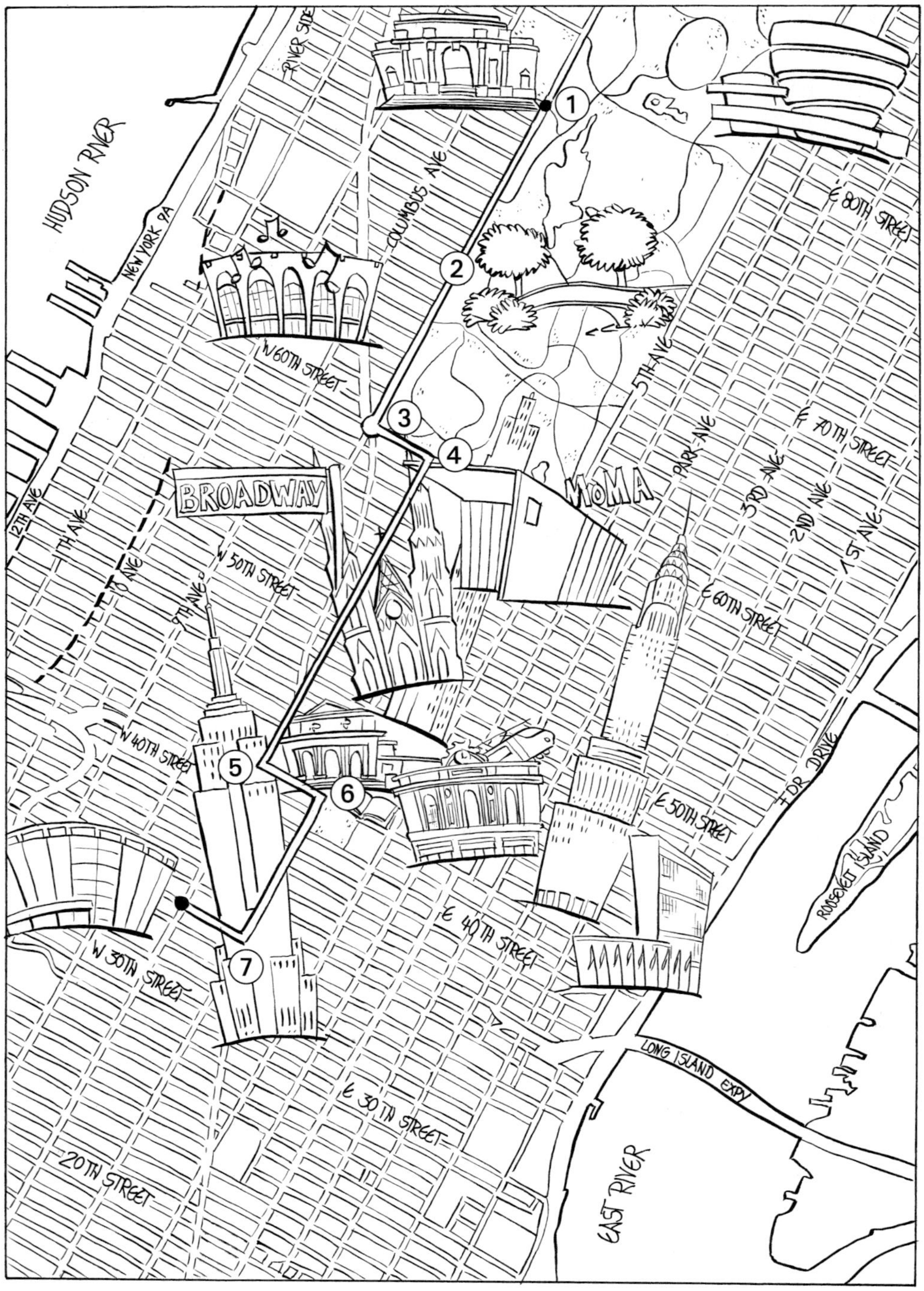

1. The parade begins at 77th Street and Central Park West.
2. It goes along Central Park to Columbus Circle.
3. At Columbus Circle, the parade turns left.
4. At the next corner, the parade turns right into 7th Avenue.
5. When it reaches 42nd Street, it turns left and goes straight on to 6th Avenue.
6. There, the parade turns right into 34th Street.
7. At 34th Street it turns right and goes back to 7th Avenue. The parade ends there.

name: ______________________ class: __________ date: __________

1) Put the sentences in the right order.

◯ At Columbus Circle, the parade turns left.

◯ It goes along Central Park to Columbus Circle.

◯ The parade begins at 77th Street and Central Park West.

◯ There, the parade turns right into 34th Street.

◯ When it reaches 42nd Street, it turns left and goes straight on to 6th Avenue.

◯ At 34th Street, it turns right and goes back to 7th Avenue. The parade ends there.

◯ At the next corner, the parade turns right into 7th Avenue.

2) Describe the route to your friend.

Use ***you*** instead of ***it*** / ***parade***

① You begin at ______________________________

② You ______________________________

③ ______________________________

④ ______________________________

⑤ ______________________________

____

⑥ ______________________________

⑦ ______________________________

____

name: ____________________ class: __________ date: __________

turn left

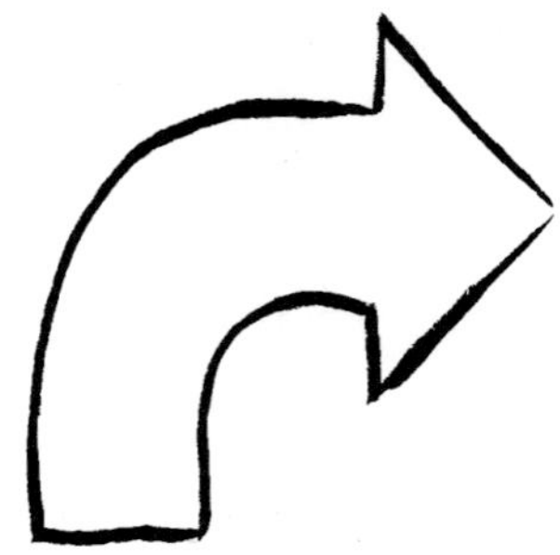

turn right

go straight on

name: ______________________ class: __________ date: __________

A CHRISTMAS PICTURE

①

Draw a Christmas picture!

②

Laminate it!

③

Cut it out!

④

Fix a ribbon to it!

name: ______________________ class: __________ date: __________

A CHRISTMAS FIGURE

① 

Make a figure from the salt dough!

② 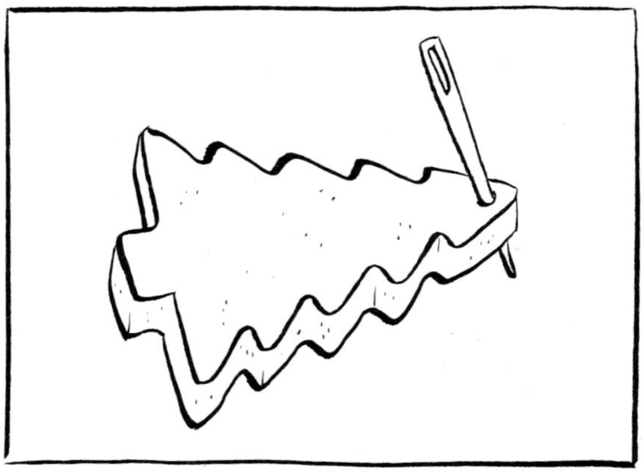

Make a small hole in it!

③ 

Bake it!

④ 

Colour it!

⑤ 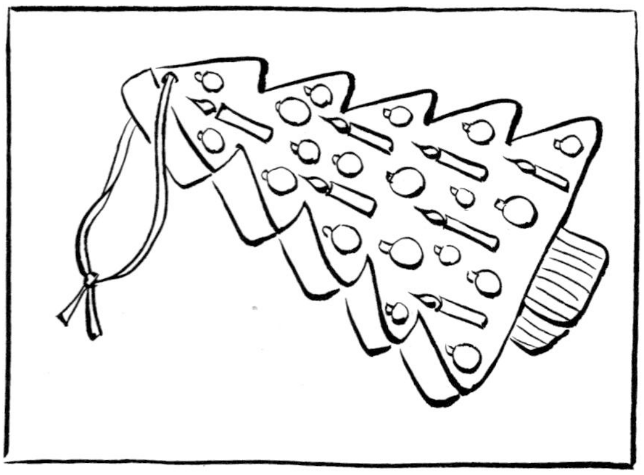

Fix a ribbon to it!

name: ______________________ class: __________ date: __________

A CHRISTMAS TINSEL

① 

Fold the paper!

② 

Cut out small pieces!

③ 

Unfold the paper!

④ 

Take a new paper!
Do ①–③ again!

⑤ 

Glue all your papers together!

name: ______________________ class: __________ date: __________

Find information about CHRISTMAS in other countries!
Use the Internet!

My results

Country: ____________________

Date of Christmas: ____________________

Decoration: ____________________

Presents: ____________________

Food: ____________________

What is special?: ____________________

Internet address:

An Invitation

Dear ______________________________

20..... will be over in a few days.

I invite you to my New Year's party.

Please come on ____________________ *(day of the week)*,

the 31st of December at 8 o'clock in the evening to me:

____

____

____

(address).

Please help me and bring / prepare

____

____

I hope we will have a nice party!

Yours ______________________________

name: ____________________ class: __________ date: __________

1) Match the pictures with the right words!

Easter lamb

tulip

Good Friday

spring

Easter egg

Easter Sunday

Easter bunny

daffodil

Easter chick

2) Write 2 adjectives *(Eigenschaftsworte)* for each picture.

Easter egg – colourful, round

3) Write a sentence for each picture.

The Easter egg is round and colourful.

name: ______________________ class: ____________ date: ____________

Easter lamb	**Easter Sunday**	**Easter chick**
Easter bunny	**spring**	**Good Friday**
Easter egg	**daffodil**	**tulip**

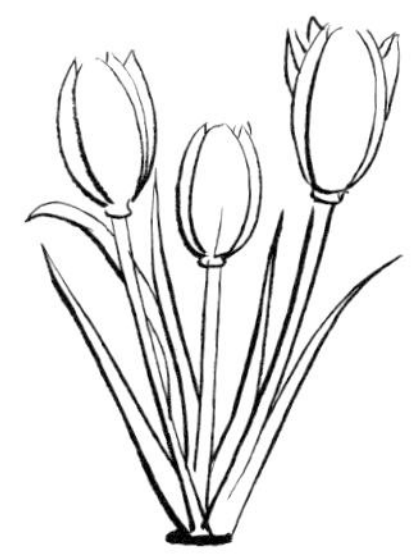

name: ______________________ class: __________ date: __________

Match the lines of the poem with the right picture.

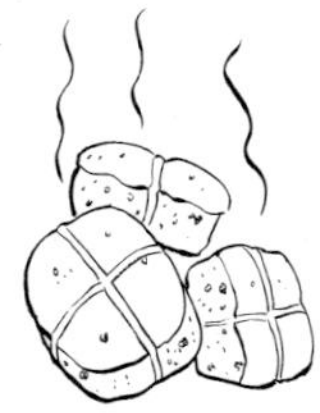

Hot cross ______________________________

____

____

____

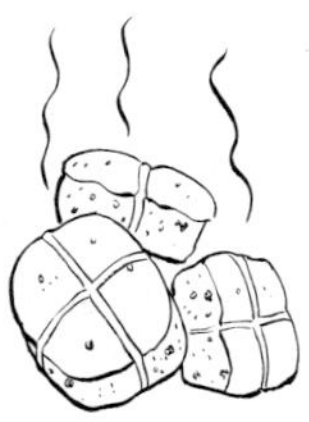

____

____

____

____

____

____

____

____

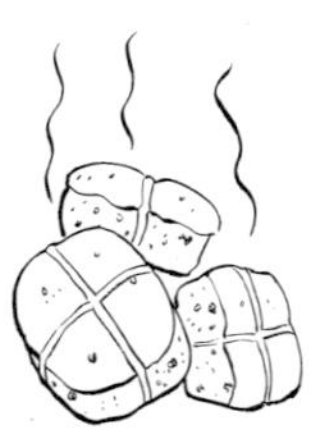

____

____

Hot cross buns! Hot cross buns!
give them to your sons.
One a penny, two a penny,
hot cross buns!
hot cross buns!
If you have no daughters,
One a penny, two a penny,

name: ______________ class: __________ date: __________

Lies das Rezept. Finde alle Zutaten *(ingredients)* und deren Gewicht bzw. Anzahl heraus und schreibe sie zu den passenden Bildern.

HOT CROSS BUNS RECIPE

My dictionary

Heat 1 cup of milk. Sprinkle the milk over 2 tablespoons of yeast. Mix it and leave it for 5 minutes.

Add ½ cup of sugar, 2 teaspoons of salt, ⅓ cup of melted and cooled butter, 1 ½ teaspoons of cinnamon, ½ teaspoon of nutmeg and 4 eggs. Stir constantly.

Mix in 5 cups of flour. Knead the dough for 5 minutes. Cover the bowl and keep it warm for 45 minutes. Add 1 cup of raisins and knead the dough again.

Wait for 10 minutes. Form about 25 balls. Put them onto a baking sheet and brush them with egg white. Preheat the oven to 180 degrees Celsius. Don't forget the cross on the hot cross buns. Make it with a knife.

Bake the buns for about 25 minutes. Glaze the buns with confectioner's sugar.

milk, 1 cup

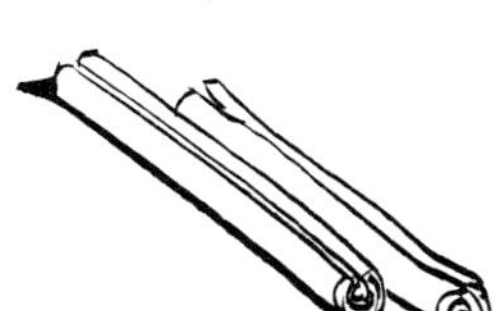

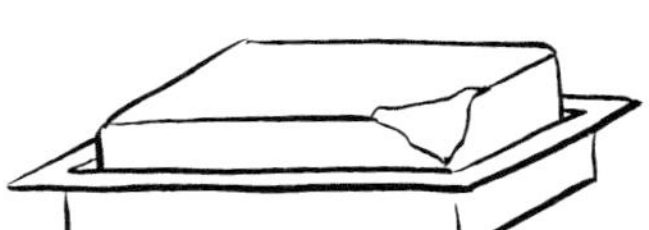

1) Do the crossword.

~~HEAT~~ • FLOUR • OVEN • CROSS • SUGAR • DOUGH • BAKE • STIR • PUT • YEAST • CINNAMON

1					H	E	A	T					
2													
3													
4													
5													
6													
7													
8													
9													
10													
11													

SOLUTION:

1	2	3	4	5	6	7	8	9	10	11

2) Decorate the crossword with pictures.

name: ______________________ class: __________ date: __________

Easter bunny

Easter lamb

Easter chick

Easter egg

name: ______________________ class: __________ date: __________

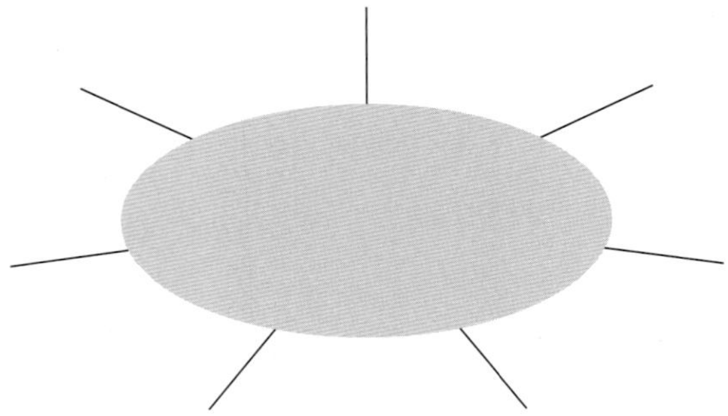

This is my crazy symbol. Its name is ______________________. It's a crazy ____________ *(bunny, chick, lamb, egg)*. It lives in ______________________ *(address)*. It likes _____________ *(hobby)*. It doesn't like ____________ *(?)*. So you better never call it _____________ *(?)*. _______________'s *(name)* best friend is _______________. Together they ______________________ *(activity)*. _____________'s *(name)* favourite meal is ____________ *(food)*. On Easter Sunday _____________ *(name)* hides not only Easter eggs, but also ____________ *(?)*. ____________ *(name)* is really crazy, because every Easter Monday it ____________________ *(activity)*. ____________________

____

____

My dictionary

to call – nennen	______________________
activity – Tätigkeit	______________________
favourite – liebstes, Lieblings-	______________________
to hide – verstecken	______________________
not only ... but also – nicht nur ..., sondern auch	______________________
really – wirklich	______________________
because – weil	______________________

name: ______________________ class: __________ date: __________

What is right for YOU?

name: ______________________ class: __________ date: __________

Dr. Birgit Altenkirch/Annette Harb: Easy English Lessons – Special Days

How old is ...?

Susan age: 12 	Pete age: 14 
Mr. Miller age: 29 	Mrs. Taylor age: 34 
Tom age: 6 	Ann age: 3 
Jim age: 16 	Jenny age: 9 
Paul age: 10 	Me age: _____

age = Alter

Make short dialogues!

A: "How old is Susan?" B: "She is twelve years old."
A: "How old is ...?" B: "He/She is ... years old."
A: ... B: ...

name: ______________________________ class: __________ date: ___________

Match the words with the presents!

① *ball* ____________________

② ____________________

③ ____________________

④ ____________________

⑤ ____________________

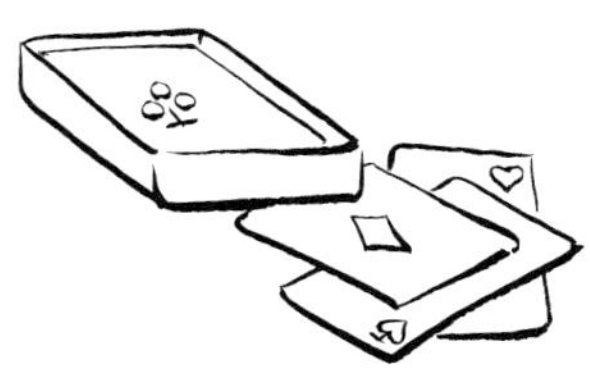

⑥ ____________________

⑦ ____________________

⑧ ____________________

⑨ ____________________

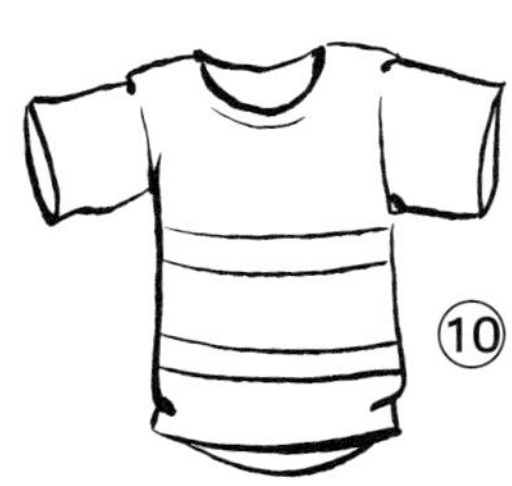

⑩ ____________________

T-shirt • bicycle • book • sweets • CD •
school bag • doll • card game • ~~ball~~ • roller skates

name: ____________________ class: __________ date: __________

① Make memory cards like this:

bus

cow

② Laminate your memory cards.

③ Cut out your memory cards.

④ Put all the memory cards in a box.

Now you have a new game!

name: ______________________ class: __________ date: __________

Hello, I'm Sue.
Yesterday was my birthday. Now I'm 14 years old.

Well, I got up at 6 o'clock, like every day.
I had a shower and got dressed for school.

Then I wanted to have breakfast, but nobody was there.

Had everybody forgotten my birthday?

I was a little bit sad.

I looked in my schoolbag. All my books, exercise books, the pencil case and the other things for the day were in it.

Suddenly, I heard my favourite song. It was coming from the living room. I looked in and … my whole family was there – mum, dad, my sister Sharon and my brother Simon and … a little dog which I had never seen before!

Mum said: "This is Tim. It's your present."

I was so happy! This had been my greatest wish, and now it had come true.

Because of this surprise, I didn't see the cake with the candles and also not the new pink T-shirt.

In the afternoon, all my friends came. We had a very nice party. We ate sandwiches and drank Coke. All liked Tim from the beginning.

Now I will care for Tim every day. Surely we will become very good friends.

A birthday story – pictures

M 5.6

name: ______________________ class: ____________ date: ____________

Dr. Birgit Altenkirch/Annette Harb: Easy English Lessons – Special Days

This is my best friend!

NAME: ______________________________

NICKNAME: ______________________________

AGE/BIRTHDAY: ______________________________

FIGURE: ______________________________

HAIR: ______________________________

EYES: ______________________________

CHARACTERISTICS: ______________________________

____

CLASS/SCHOOL/JOB: ______________________________

BEST SUBJECTS: ______________________________

FAVOURITE …

… HOBBIES: ______________________________

… SPORTS: ______________________________

… MUSIC: ______________________________

HER/HIS FAMILY: ______________________________

He/She is …
He/She has got …
He/She likes …
I like him/her because …

name: ____________________ class: __________ date: __________

Dr. Birgit Altenkirch/Annette Harb: Easy English Lessons – Special Days

FIGURE: small • tall • slim • big • corpulent

HAIR: blond • brown • black • red • other colours • light/dark • long • short • bold • curly • straight

EYES: brown • blue • grey • green • dark/light • glasses • no glasses

CHARACTERISTICS: nice • clever/intelligent • honest • friendly • helpful, funny

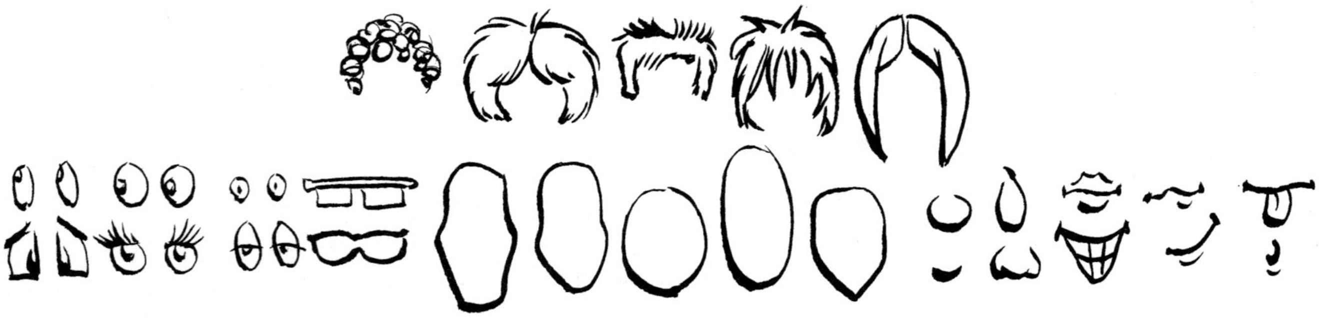

name: ______________________ class: __________ date: __________